博物館でまなぶ
利用と保存の資料論

八尋克郎・布谷知夫・里口保文 編著

東海大学出版部

Museums as Public Centers for Study

-Collections Policies to Promote the Utilization and Preservation of Materials

edited by Katsuro YAHIRO, Tomoo NUNOTANI and Yasufumi SATOGUCHI

Tokai University Press, 2011

ISBN978-4-486-01837-7

目次

序章　なぜ今博物館で資料論なのか／八尋克郎……………… 1

第Ⅰ部　博物館における資料を考える……………………… 7
　第1章　博物館資料とは／布谷知夫……………………… 9
　第2章　博物館における資料研究のあゆみ／八尋克郎 ……… 35
　第3章　博物館法にみる資料のとらえ方／佐々木秀彦……… 41

第Ⅱ部　資料の保存と利用法………………………………… 59
　第4章　失われゆく資料の保存と利用法／里口保文………… 61
　第5章　記憶の中にある資料の保存／牧野厚史……………… 85
　第6章　資料情報のネットワーク化／橋本道範……………… 99

第Ⅲ部　博物館資料の新たなかたち………………………… 115
　第7章　参加型調査による資料収集／中島経夫…………… 117
　第8章　博物館資料の新しい利用法／布谷知夫…………… 123
　第9章　博物館資料論の課題と展望／布谷知夫…………… 147

あとがき／里口保文……………………………………………… 153

索引……………………………………………………………… 155

序章　なぜ今博物館で資料論なのか

八尋克郎

　近年，博物館を取り巻く社会的な状況が大きく変化している．少子高齢化や高度情報化の急速な進展，あるいは学習意欲の多様化によって，博物館は従来からの社会教育施設としての役割に加えて，新たな生涯学習機関としての役割が強く求められるようになってきた．このような社会の期待に応えるために，新しく開館した博物館の多くが，各館でその意味合いは異なるものの市民の参加性を重視した「参加型博物館」をうたい，より利用者の視点にたった博物館運営をめざそうとしている（布谷，1998）．一方，経済不況や地方自治体の財政難，市町村合併などの影響によって，博物館の運営そのものが厳しい状況に置かれており，たとえば標本を保管しておくための箱すら購入できないなど，基本的な博物館活動を満足に行えない館も多く存在している．そればかりか休館に追い込まれることも少なくない．さらには，指定管理者制度の導入と独立行政法人化は，経済効率の高い博物館運営ができるという利点がある一方で，単年度契約や資金調達の問題などにより，博物館の長期的かつ継続的な運営に暗い影を落としている．いまやそれぞれの博物館はその独自性や社会的使命について見直す必要があり，真の存在意義が問われているといっても過言ではないだろう．

　博物館がその存在意義を考えるうえで，もっとも重要な活動の1つが，資料の収集，整理，保管とその利用である．資料の収集から保管までの「資料整備」一連の活動が博物館でもっとも重要な活動の1つであるのは，資料の性格が博物館そのものの性格を決定づけるとさえ言われている（棚橋，1950）ことからもあきらかである．また，その博物館が専門とする範囲で，いかに優れた資料をどのくらい数多く，しかも系統的に収集しているか，ということが博物館を評価する1つの基準になっている（倉田・矢島，1997）．つまり，「博物館資料」は博物館自体を形成する骨格と言うことができる．

　このように博物館活動の基盤となっている資料整備の活動は，社会的な博物館への期待の変化とともに，その要請も変化している．文化財においては，「保存第一主義は前提としながらも，近年，活用積極主義の動きが顕著である」（崎谷，1997）と述べられているように，文化財の公開活用推進は大きな課題となっている．また，伊藤（1993）は『博物館世代論』[1]の議論の中で，それぞれの世

代において，博物館資料の位置づけの変化に伴った説明をしている．第一世代の博物館では「国宝や天然記念物など希少価値をもつ資料(宝物)を中心にその保存を運営の軸とする古典的博物館」であり，第二世代の博物館は，「資料の価値が多様化すると同時に，その資料の公開を運営の軸とする現在の多くの博物館」，そして第三世代の博物館は「社会の要請に基づいて，必要な資料を発見し，あるいは作り上げていくもので，市民の参加・発見を運営の軸とする博物館」である．つまり，資料の保存を念頭におきながら，博物館利用者の視点に立って博物館資料[2]の整備を考えることは，これからの博物館活動をおこなううえでの課題であり社会的な要請であると言えよう．

一方，『博物館資料論』は博物館学の大きな課題となっている．『博物館資料論』は博物館において活用される資料全般について，その位置づけなどをめぐる諸問題を追求する博物館学の一分野であり，既存の各学問分野において論じられる資料論とは異なる性格をもっている(有元，1999)．しかし，『博物館資料論』に関する議論は，各分野で議論されている「資料論」に対しても，博物館学においても大きく立ち遅れているのが現状である．

このような現状をふまえ，私たちは第三世代の博物館における資料論の議論が必要との考えから，琵琶湖博物館総合研究「博物館資料の収集・整理・保管と利用に関する研究」を行ってきた．この研究は，1997年度～2004年度まで実施されたが，大きく第一期(代表：内田臣一，1997年度～2000年度)と第二期(代表：八尋克郎，2001年度～2004年度)に区分され，本書は，第二期の研究成果をまとめたものである．

総合研究の第二期は，「地域の人たち[3]による博物館資料の利用」を前提とした資料論を作ることを研究目的とした．この本ではこのような前提での資料論を展開する．この前提条件は，私たちの議論をする立場を明確にするうえでひじょうに重要である．なぜなら，近年の社会的要請としてある博物館資料の利活用が，すべての館に対して資料の積極的な活用を義務づけるものではないためである．というのも，博物館においてどのように資料を位置づけるのかは，それぞれの館がもっている理念やテーマ，性格によって決定されるからである．つまり，博物館資料の保存だけを中心とする館があっても当然いいということになる．

ここで，私たちはどのような方向性をもった博物館における資料論を考えようとしているのかを，明確にしておく．私たちは，「フィールドへの誘いとなる博物館[4]」，「交流の場となる博物館[5]」をめざす博物館にとっての資料論を構築しようとした．この2つは琵琶湖博物館の理念であるが，少なくともこれからの新しい博物館の方向性とある部分では重なると考えている．それは，現在またはこ

れからの博物館としてある第三世代の博物館が「社会の要請に基づいて，必要な資料を発見し，あるいは作り上げていくもので，市民の参加・発見を運営の軸とする博物館」であるならば，市民が参加・運営することは，博物館が交流の場となることが重要であり，さらには，市民が活動するのは博物館のみならず，社会に必要な資料を発見，作り上げていく場は「地域」つまり「フィールド」であることが考えられるためである．このような議論を展開するうえで，議論が散漫になることを防ぐために，"第三世代の博物館は"とせずに，具体的な議論をするために，琵琶湖博物館をその事例もしくは対象となる博物館イメージとしてとらえて，それを「第三世代の博物館」として抽象化させることをめざした．

そこで私たちは，この総合研究を進めるために，3つの小課題を設定して分析を行った．第1の課題は，「博物館資料とは何か」，第2の課題は「地域にある資料の保存と活用」，第3の課題は「博物館資料の新しい利用」である．これらの課題を設定した意図を簡単に説明しておこう．

まず第1の課題の「博物館資料とは何か」である．博物館活動の社会的な要請が多様化してくると，さまざまな博物館資料の利用を想定しておかなければならない．そうした場合，これまでの博物館資料についての考え方での対応が可能であるか疑問がある．そのため，そもそも博物館資料とは何なのか，その定義や博物館の中での位置づけ，そして何のために博物館は資料を集め，保管するのかをもう一度見直し，さらにはこれまでの博物館学の展開に沿って議論しておく必要がある．

つぎに第2の課題の「地域にある資料の保存と活用」であるが，地域の自然や文化に関する資料は，地域の人たちがみずからの地域のことを知るために重要なものである．それらには，これまで地域にあっても博物館収蔵資料として扱ってこなかったものがある．私たちはその内の「野外にあって博物館に収蔵することができない資料」と「地域で保存活用されてきた資料」に視点をおいた．野外にあって博物館に収蔵することができない資料は，たとえば地層の資料，人の記憶がその代表的なものである．また，地域で保存されてきた資料の1つとして，歴史資料がある．この地域で保存されてきた歴史資料は，どこにどんな資料が所在するのかわからないために，地域の人たちが利用するために高い壁が存在する資料である．これらの資料はこれまで博物館資料として対象とならない，もしくは重要視されてこなかったという現状がある．さらに，これらの資料は変化したり，失われたりする．これらは，これまであまり博物館資料として対象とならなかったが，「フィールドへの誘いとなる博物館」においては，議論が必要で，これらの資料を博物館がどう関わって保存・活用するかが課題である．

最後に第3の課題の「博物館資料の新しい利用」であるが，地域の人たちによる博物館資料の利用を想定すると，従来の博物館に収蔵されていた資料の利用方法，たとえば研究利用，展示利用，学習利用について分析する必要がある．というのも，これらの博物館資料の利用方法のほとんどが，学芸員や博物館を利用する研究者が資料を利用するという場合を想定したものであると考えられるからだ．しかし，これからの博物館ではさまざまな人による多様な利用を想定して，資料を利用したいと考える地域の人たちに対しては，利用の道が開けるようにすることが必要になる．そのためには，従来行われてきた博物館資料の利用方法について分析し，新しい資料の利用方法を考察する必要がある．これは博物館資料のもつ可能性とその範囲を広げるための議論でもある．
　また，資料の利用のされ方も①何も触らずに手つかずのまま保存するという場合，②更新や修復しながら利用する場合，③徹底的に利用する場合というようにさまざまな利用の方法がある．これらの利用方法の可能性と問題点についてあきらかにしなければならない．
　以上のように「地域の人たちによる博物館資料の利用」という視点で3つのテーマについて議論をした．これらの議論の中で，博物館資料論としての新機軸は以下のような点である．
1）そもそも博物館資料とは何かというもっとも基本的な点，あるいは博物館資料をめぐるいくつかの課題について，これまであまりされていなかった基本的な問題設定を行い，その点についての議論を行ったこと．
2）これまでの資料論としてはほとんど議論がされてこなかった，新しい分野，テーマでの議論を行い，その過程で博物館資料の幅を大きく広げることができた．
3）これまでは博物館資料として扱ってこなかったような画像，映像，記憶，コンピュータ情報などについても，それぞれ位置づけを行い，博物館資料の中で議論が行えるようにした．
4）博物館資料の収集，整理，保管，利用の各段階において，それぞれに利用するということを前提とした議論を行い，利用を前提とした博物館資料論をまとめた．
5）すべての議論が現実の博物館現場での課題を意識しながら行なわれ，博物館の事業の中で活かしうる資料論となった．

　このように議論の課題としてあげたことは比較的新しい課題ばかりであり，斬新な研究となった．ただし，テーマをしぼっているがゆえに一方では総合的な議論としては抜け落ちている資料課題も数多くあると思われる．

この本は以上の３つの課題について３部で構成されている．第Ⅰ部では，博物館における資料とは何かを再考し，第１章では，博物館資料はどのようなものかについて，従来の博物館学における博物館資料の位置づけについての議論を整理する．また，一次資料や二次資料といった従来の博物館資料の分類方法について分析し，博物館資料のもっている情報とは何なのかについてあきらかにする．博物館資料の位置づけを議論した後に，博物館は何のために資料を集めるのか，従来の資料の収集の具体例を示しながら分析しその理由を明確にする．第２章では，博物館における資料研究のあゆみを概観する．第３章では，新しい時代に対応した博物館法規上の資料の定義と分類を見直し，試案を提示する．第Ⅱ部では，地域にある資料の保存と活用という課題について，第４章で地層の資料，第５章で人の記憶，第６章で歴史資料を中心にして議論する．第４章では地層の保存をおもな例として，現地保存をなぜ行なうのか，現地保存をすることで得られることは何か，現地保存によってどのような情報を得ることができるのか，現地に保存するもの以外に博物館資料としては何が残されるかなど，資料の現地保存にかかわるいくつかの課題を具体的に議論し，整理を行う．第５章では現地保存の１つの形態として現地に結びついた記憶の博物館資料としての位置づけとともに，古写真や過去の農村の環境復元などをテーマとしながら，記録や記憶を博物館資料として保存し，利用・活用するための考え方を示す．第６章では，資料情報のネットワーク化の１つの例として，歴史資料を地域の人が利用するためには，資料を誰が利用するか，どんな資料をどのように管理するか，などを議論し，資料情報のネットワーク化のための考え方とともに，地域の歴史資料保存利用機関の役割についての指摘を行う．第Ⅲ部では，従来の博物館資料の利用方法を分析し，新しい利用方法を提示する．第７章では博物館資料を利用者自身が収集し，整理保管からデータ分析までを行なうという参加型資料収集の例を紹介し，住民参加で事業を行うことは必然的に資料が利用されることが前提となり，一方で資料の整理，研究，利用が総合的に進む契機となるということを示す．第８章では，博物館資料の利用ということを，整理しなおして，これまで行われてきた博物館資料の利用の形態と課題，さらに最近になって行なわれようとしている資料の利用として，回想法，画像資料，図書資料などについて，新しい展開となる議論を行う．最後に第９章で博物館資料の課題と展望について議論する．

　この本は，博物館資料について網羅するような概説書ではない．しかし，具体的な博物館の事例をもとに資料論を展開しているという点で特徴がある．このような資料論は，これからの博物館にとって一般化できる重要な議論になると考えている．また博物館における資料の利用を考えるとともにどのような役割

を博物館が果たすべきなのかについてもあわせて論じた．

　博物館学の研究者はもちろん，これから大学にすすみ博物学を学ぶ学生や，大学において博物学を学び，将来博物館で働くことを希望する学生にも，「博物館における資料論」を紹介することを意図してつくられたものである．そのため，可能なかぎりわかりやすく，専門用語には説明文を挿入するなどした．専門家だけでなく，広く博物館学に関心ある人々に読んでいただけたら幸いである．

注

1）博物館を第一世代，第二世代，第三世代と分けて，博物館の設置目的が収集から展示へ，そして利用者の活用へと変わってきていることを議論したもの．

2）本書で言う博物館資料とは，博物館で収集し，保存され，活用される資料をさす．

3）「地域の人たち」というのは，いわゆる研究を目的としている研究者ではなく，一般の人たちのことを指す．その地理的範囲としては琵琶湖博物館の場合で言えば，琵琶湖淀川流域の住民を考えている．

4）「魅力ある地域への入口として，フィールドへの誘いとなる博物館」．琵琶湖博物館は，魅力的な発見や創造は，フィールドから生まれる」という理念のもと，地域での研究活動や交流活動の入口となるような各種のプログラムを企画し，実践できる場となる．そしてこのような働きかけの中で，人々の関心が事故の生活の場や地域に向かうきかっけとなるような博物館をめざす（滋賀県立琵琶湖博物館　要覧より）．

5）「多くの人々による幅広い利活用と交流を大切にする博物館」．一般の人たちはもちろん，専門家も含めて，あらゆる人びとが展示や交流・サービス活動，研究・調査活動などの博物館活動にかかわり，楽しみながら考え，出会いの場となるような，またそのことが博物館の成長，発展につながるような，人，物，情報が交流する場をめざす（滋賀県立琵琶湖博物館　要覧より）．

参考文献

伊藤寿朗 1993．市民のなかの博物館．吉川弘文館 東京．190pp．

倉田公裕・矢島國雄 1997．新編博物館学．東京堂出版 東京．408pp．

布谷知夫 1998．参加型博物館に関する考察─琵琶湖博物館を材料として─．博物館学雑誌 23 pp 15-24.

崎谷康文 1997．文化財の保存と活用．文化庁月報 1 pp 4-5．

棚橋源太郎 1950．博物館学綱要．理想社 東京．319pp

第Ⅰ部　博物館における資料を考える

第 1 章　博物館資料とは

布谷知夫

　これまでの博物館資料の研究は博物館技術学にかたよっていた．たとえば，博物館学の教科書ではまず，資料の種類の分類，収集方法，整理の手順，マウントの方法，保存方法など，実務的な資料整備の技術や課題が中心で，博物館資料をなぜ集めるのか，誰が，どのように利用するのか，ということについての議論は，ほとんどおこなわれていない．そのため博物館資料についてはかなり基本的な議論を改めておこなうことが必要であると考えた．
　この本では，博物館資料は，利用者が利用することを前提とし，利用するために収集し，整理・保存をしているという視点にたって，博物館資料の種類，性質，利用方法などを理論化し，その結果が博物館現場で実践的に活用できるような博物館資料のありかたを提示することを目的とした．またその中でも取り扱いが曖昧であった一次資料と二次資料との相互の位置づけをあきらかにすることをめざすとともに，関連して図書資料や情報資料などの博物館資料としての位置づけについての議論を行う．

博物館はなぜ資料を集めるのか

　博物館資料については，これまでの博物館学の中では，あまり議論がおこなわれていない．それは資料があるのが博物館であって，資料は自明のことという考えが博物館内部にも伝統的にあり，資料の整理保存などについての技術的な検討や新しい技術の研究はされても，博物館資料とは何をさすのか，資料をなぜ博物館で収集するのか，だれが利用するのか，といった資料自体についての議論を改めて行ってこなかったということである．これまでの博物館学で，博物館資料の整理と保存の技術だけが議論されてきた理由は，その利用ということを考えていなかったためである．基本的には整理しながら学芸員が自分の研究のために使っていることが多く，収蔵庫の資料を，学芸員以外では誰がどう利用するか，ということはまったくといっていいほどに議論がされていない．近年の博物館学の議論では，博物館の考え方自体がひじょうに幅広くなり，またより利用者の視点で運営が検討されるようになっているため，博物館の事業や運営に関しても，見直しが必要となっている．そういう中で，博物館の事業の

中で資料が重要な位置にあることについては，まず共通認識として，改めて資料自体についても，その収集から利用に至るまでの各段階についての議論をして，博物館のありかたを再確認することに繋がっていくような作業が必要となってくるであろう．

そのような作業の最初に，博物館資料とは何であり，博物館の資料がなぜ集められ，どのように使われているのかを確認しておきたい．

「博物館の意志により収集された資料が博物館資料である」(有元, 1999)

「博物館資料とは，博物館がその機能を果たすために必要なものと，それについての情報とを指すことになる」(倉田・矢島, 1997)

「博物館資料とは，博物館が本来の機能をまっとうするために必要欠くべからざるものであるとともに，博物館とそれを利用する人々とを直接に結びつけるものである」(青木, 1999)

これらの3つの定義は，博物館学の教科書の「博物館資料とは何か」という項目に書かれている内容である．どれもが少しずつ異なる視点で博物館資料について書かれており，博物館資料が博物館の意志で収集されたものであることが，その共通項としてあるようである．そしてこれらの資料が博物館に持ち込まれ，その名前が決められ，研究されて，その資料のもつ情報が明かされたときに，その資料は博物館資料になるとされている．

さらに博物館資料は，過去から現在にわたる人類の活動の記録や，自然の歴史のすべてを扱い，その形態は，「モノ」と情報などのあらゆる形態を取り扱うことになっている．これらのことからわかるように，博物館資料が扱う内容はひじょうに幅の広いものである．

ではなぜ博物館ではそのような資料を収集するのであろうか．よく聞かれる多くの人の疑問は，展示されていない標本が博物館の収蔵庫に数多くあることの理由がわからないという場合がある．あるいは，昆虫のケース(ドイツ箱と呼ぶ)に同じチョウが数多く入っているのを見て，なぜ同じ標本がたくさん，あるいは複数いるのか，ということを聞かれる場合もある．もしも同じように考えるならば，なぜ同じ遺跡から出てくるすべての土器や石器を取り上げて，箱にならべて保存するのか，というような疑問もでてくるかもしれない．しかし，美術館で数多くの絵画を収集して，収蔵庫に収められていることに対して，疑問を投げかける人は少ないのではないかと思う．あるいは古美術品や民芸品などについても同様ではないだろうか．

多くの人の疑問は，不変的な価値，あるいはふつうに考えると金銭的な価値の高い(と思えるような)資料を数多く集めていることに対しては，疑問をもたないのではないかとも思える．その辺りは博物館とは何をしているところである

のか，ということについてのコンセンサスの不一致がみられるようである．過去の博物館あるいはヨーロッパの初期の博物館が実際にそうであったように，博物館が宝物の管理場所の機能をもったという事実があり，日本でも各地から文化財的な古美術などを幅広く収集することから博物館の事業がはじまっているという経過もあり，博物館というと古美術品がたくさんあるところであり，逆にそうでないふつうの「モノ」が収集されていると，何のために集めるのか，という疑問を内在的にもつ人が多い．また，生物や土器などの個別性ということについての理解も少ないのかもしれない．

これに対して博物館資料を集める理由は，端的に言うと「研究して博物館活動に活かし，多くの人に活用してもらうため」ということができる．ここでいう博物館活動は，もっとも広義に研究成果の情報発信までも含む．資料は研究してその「モノ」がもつ情報があきらかになってはじめて博物館資料と呼ばれるようになり，資料としての意味をもつ．そしてその情報が展示や日常の博物館活動の中で使われる．もちろん博物館資料そのものが，利用者によって使われることもある．いずれにしても，まず研究という過程を経ることが必要であることについては，ほとんど異論はないところである．

では比較的わかりにくい金銭的価値の低い博物館資料のもつ意味は何であるのだろうか．それはまず研究用の資料としての価値である．

よく例としてあげられる話題に，大英博物館が収集している水鳥のコレクションがある．このコレクションには世界各地から各時代のものがあるが，その羽に含まれる水銀の量を分析して，時代ごとの世界各地の海水の中に含まれる水銀の量がわかり，その結果，世界の海の水銀汚染の経過が明確になったという研究例がある．今現在の海水の分析であれば，世界各地で協力すればおこなうことは可能であるが，過去の海水については意図的な保管はされていない．博物館で昔の資料が保管されているからこそ実施できる例である．

水鳥の例はいわば目的外の利用であるが，昆虫や生物の博物館資料は，地理的分布や進化についての貴重な資料となる．一般に生物の種というものには，同じ個体はまったくないと考えられている．すべての個体は異なった遺伝子をもっており，その代表となる個体(最初に研究された個体：タイプ標本)で種を決め，それに近い個体の集団を種として認識している．同じ種の中に比較的よく似た系統があり，そのような種の中の多様性の中から，新しい系統が生まれ，新しい種になっていくこともある．同じ種の中のまとまった系統がある場所に集中して見られる場合もあり，形や大きさ，性質などが微妙に異なる場合もある．このような変化を調べていくことで，その種について，あるいは生物というもの一般についての研究を進めることができる．生物地理と呼ばれる生物の研究や

進化にかかわる研究では同じ種とされる個体の標本でも各地から多数を集めることではじめてわかってくることがたくさんあるのである．

たとえば日本の各地のブナの個体の葉の大きさを日本各地の博物館の標本を見て測定して歩き，北から南にかけて，明らかに大きさが小さくなっていることを図で示した研究がある．植物では場所による形や大きさの変化は，各地の博物館の資料を見ることで，かなり正確にわかる．

またふつうのものと思われる資料が，のちに意味をもつようになる場合もある．1970年代に爆発的に日本中に広がったセイタカアワダチソウの標本を各地の博物館で調べることで，いつどこに広がっていったのかを知ることができる．東京で明治の末，大阪では昭和のはじめに標本が採集されており，しばらくの間はそれほどめだった広がり方をする種ではなかったが，1970年代に入る頃に，北九州から瀬戸内，東海道に沿って北上しながら，急速に広がっていったことがわかる．標本があることで確実にそこにあったことの証拠になっている．

大阪の田園地帯で，毎日夜に家に飛び込んでくる虫を20年間ほどの間，こまめにベランダで灯火採集し続けた人がいて，その標本を博物館に寄贈された例がある．もともとは大阪の田園地帯であったが，後には住宅地となり，その標本は田園地帯が都市化していくことによって，昆虫相がどのように変わっていくのかが明白にわかるコレクションとなっている．

もちろん化石は生物の過去の姿が残されているわけであり，現在の生物の進化を考えるうえでは欠くことのできないものである．化石というもの自体の数が多くはないので，よく保存された化石を数多く集め，比較することでより多くの情報が得られる．

生物や地学の博物館資料は，このようにしてさまざまな分野の研究材料となり，その結果わかったことは展示や出版物の形で公表され，博物館の中で活用されていく．あるいはじつはそのような資料を集める段階から，利用者と一緒に収集をして，分析を行うような作業も，生物分野では行われはじめている．

研究者による研究以外の利用も多い．アマチュアの利用者にとっては，博物館の資料は自分の研究をはじめるための材料となる．もちろんこれから何かの勉強をはじめようと思っている人に対しては，実物標本を見ることは，本で読んだり，写真で見たりするのとはまた異なる印象をもつことができ，勉強の意欲を強くすることであろう．もちろん学生や生徒の勉強の役にもたつ．多くの利用者にとって，知識や関心を広げ，ある場合には安心や癒しの効果もある．

博物館の資料は，理念に従って，目的や方向性をもって収集がされる．そして多くの場合には，資料を集め，比較する研究をすることで，個別には普通の自然物であるようなものに大きな意味を見出すことができるようになるのであ

る．そして多くの場合には，比較する資料の数がたくさんであるほど情報として得られる成果は大きくなる．

このような資料を全国の博物館や大学の研究室などが同じように集めているという現実はあるが，データベースの共有化がまだ不十分であるために，博物館資料の共有化がおこなわれていない．しかし実際に生物分野の研究を進めるうえでは，各地の博物館を渡り歩いて資料を見るということがふつうにおこなわれており，日本の博物館が所蔵する博物館資料数は，まだまだ少ないといえる．全国科学博物館協議会が全国の自然史系の博物館に呼びかけて，可能な項目から共通のデータベースを作る試みをおこなっているが，まだ利用できる段階にはいたっていない．

なお，大英博物館の植物標本の数は約2000万点とされており，この数は日本のすべての博物館や大学に所蔵されている植物標本の合計数よりも多いと思われる．

博物館資料と研究との関係

博物館における資料の意味を考えるためには，資料をどのように集めるのかということが問題であり，そこにはこれまであまり意識してこなかった，博物館資料と研究との関わりが課題となる．それは博物館であれば自動的に資料が集まってくるわけではなく，研究の成果として資料収集が進むという立場である．

博物館資料を研究目的に使用するという点については，博物館の定義について博物館法第2条(定義)の中では，「あわせてこれらの資料に関する調査研究をすることを目的とした機関」とされており，この意味についての議論は以前からおこなわれてきている．ここでいう資料とはこの条文の中の前にある「資料を収集し」を受けており，そのままの解釈をすれば，博物館での研究は，博物館が保管している資料についての研究に限られているように受けとれる．また過去には実際にそのように解釈して，学芸員の研究テーマに制限が加えられるような例もあった．

この「資料を研究する」ということについてはこれまでにもいくつかの議論があるが，その背景には，博物館での研究は必要なのか，あるいはどういう研究が必要であるのか，ということがあった．最近でこそ博物館で研究が行われることについては異論はなくなっていると思われるが，博物館で研究が必要なのかという議論は博物館法制定直後からはじまっている．もちろん博物館で研究をおこなうことをまったく否定する意見はでてこないが，たとえば「博物館学」についての講演が行われた第11回全国博物館大会の講演およびそれに対する

意見 (浜根, 1963) においても，研究が必要としながらも，それは博物館での教育をするための研究であり，「ここでいう研究とは，academic なものではなく，あくまで museology 的なもの，すなわち，この「モノ」をいかにすれば博物館的な展示物とすることができるかという研究である．academic な研究は学者や，研究機関にまかせておけばよい．」という主張がされていた．

このような研究についての議論はその後も長く続いている．最近では博物館で行うのは事業を進めるための研究であるべきという主張を積極的に述べる意見を聞くことはあまりないが，いわゆる academic な研究については言及しないという形で現在の文献などの中でも続いていると言えそうである．さらに言えば，博物館の現場では忙しく，研究をしている時間がとれないという形で，博物館で行われる研究が軽視されているという実態は続いている．

博物館における研究のありかたについてある程度の決着が見られたのは，1970 年代の後半のこととされる．新井 (1973) は博物館を専門的な研究を行う博物館 (Curatorial Museum) と資料整理保管のような博物館事業を行うことを重視する博物館 (Non-curatorial Museum) とに区別し，博物館での研究のあり方についての整理をおこない，博物館ごとの目的によって研究への比重のおき方が違っていることについて議論を行った．そして研究をおこなう博物館での研究のあり方についても，研究とその他の博物館事業とが総合的におこなわれることを前提として，千地 (1978) によって次のようにまとめられた．

「博物館の学術研究は，博物館資料の専門的な調査研究という博物館法の表現にもみられるように，従来，資料を収集し，収集されたものについて調査研究するというように理解されがちであった．たしかに，このような実態があることは拒めない側面もあるが，しかし本来は，博物館にはそれぞれの目的があり，その目的にそった調査研究がなされ，その過程で「モノ」が収集され，資料化され，調査研究の成果のうえにたって，資料が展示され，あるいは整理・保管されるのである．」

このように博物館での研究は，博物館が収蔵している資料を研究することだけではないことは，ほぼ共通の認識となっているといっていいであろう．したがって，博物館の研究は資料に関する分類学や保存科学などだけに限られる必要はなく，博物館の設置目的を実現することを目標とした幅の広い分野で行われるものであろう．多くの場合，その目的は博物館が設置されている地域についてあきらかにすることであり，そのためにその地域に関する資料，そして他の地域と比較するための他地域の資料，場合によっては外国の資料などを収集し研究することになる．そして研究の過程で，新たに資料が収集され，その結果として成果の公表や展示作りが行われると考えられる．そして一方では個々の博

物館の資料収集方針にしたがっての資料収集もおこなわれることで，バランスのよい資料群が生まれることになるだろう．

しかし一方で資料収集保管は博物館の機能の中のひじょうにだいじな部分であることもまた事実であり，改めて博物館資料と研究との関わりを明確にしておく必要がある．千地の議論は「博物館では資料があるからそれを研究するのではなく，研究をするからその学芸員の元に資料が集まってくる」という主旨である．それは博物館の資料と研究との関係を考えるうえではひじょうに重要な指摘であるといえる．

大部分の博物館には資料が収集されている．その資料を研究するということはごく自然といえる．しかし現実に資料の研究がはじまった場合には，確認のためや関連事項を調べるために，新たな資料が必要となり，その収集をしながら研究を続けるというのがふつうである．その結果として成果が論文や展示などの中で公表され，その成果を見て，関心をもった人，同じような研究をしていた人などとのネットワークができ，それによって研究が進展したり，あるいは新しいテーマでの研究が発展したりする．そういう専門家としての研究は博物館利用者と一緒になった研究の結果として，新しく資料が集積されていき，その新しい資料があるために，さらに新たな知見があきらかになったり，別のテーマへと研究が進む場合もある．

博物館の学芸員がある分野の研究をしており，その分野の専門家であることが広く知れわたることで，その分野のコレクションが寄贈されてくるということが多い．あるいはアマチュアの研究者が自分で集めた資料類を持ちきれなくなって，そのコレクションを専門家として扱ってくれる人がいることを理由に，博物館に寄贈されるというケースはかなり多い．またごく日常の観察会や講演会などの事業の中で，ある学芸員の専門にしている分野などがわかると，一般の参加者からもその分野に関する資料の情報や資料そのものが届けられることも多い．

このように博物館では，当初はそれまでに収蔵されていた資料を使って研究することは当然であるが，研究がはじまり，公表をすることで次の段階に進み，多くの新しい資料が集ってくるのである．

資料があるから研究をするという立場では，博物館の外部や利用者に目を向けながら事業を行うという博物館としての方向性が感じられず，また個別の研究成果は上がるかもしれないが，研究テーマを発展的に継続することは難しいであろう．

資料を直接に研究する分野以外の研究でも，同じようなことが起こる．野外での生態学的な研究や，地域での無形民俗や現在の暮らしの研究においても，研究の中でしった人との結びつきから，あるいは自然を調査する中での発見や

人の情報から，やはり関連した資料が収集されていく．このように研究分野やテーマにかかわらず，博物館では発展的な研究を進め，成果を発信することによって，その学芸員の元に資料が集ってくるといえる．そしてこのような学芸員個人に資料が集ってくるというような例は，おそらくどこの博物館でもふつうに経験していることであろう．

その結果として，博物館を特徴づけるような特色あるコレクションの収集につながっていくのである．博物館における特色あるコレクションの集積は，学芸員の実力によると言われることがあるが，やはりその実力とは学芸員の研究者としての研究成果であり，そこから生じる資料の質の高さである．したがって，すべての分野の資料をまんべんなく，同時に収集するのは不可能であり，またその必要もないであろう．

このように研究を主体として考えるか，資料を主体として考えるかでかなり博物館の資料収集の基本的な方針が変ってしまうであろう．たとえば博物館としての資料収集方針には「質，量ともに優れたコレクションを形作るためには，何を，どのような方向で，どのような範囲で，どのような基準に基づいて収集していくかが明確にされていなければ成らない．」(倉田・矢島，1997) とあり，また藤原 (1998) は「博物館の収蔵庫は，要らなくなったモノをしまっておく納屋ではないのである．資料の収集には一定の方針と基準が必要で，その意味において，博物館収蔵資料とは，基本的には学芸員によってじゅうぶんに検討された収蔵基準によって集められた「秩序ある資料群」であるべきである．」としている．このような積極的な資料収集方針においては，まさしく研究者である学芸員が，その専門性を活かしてコレクションの収集計画をもつことになるであろう．

しかし一方で，博物館としての基本コレクション (参照標本) の集積や，その博物館がおかれた地域の自然や暮らしに関わる資料の収集も，博物館にとっては重要な業務である．このような学芸員の直接の専門外の資料群を研究との関わりでどのように位置づけておくかが課題になる．

もちろん博物館が扱う分野の資料はもれなく集ってくる方がいい．そしてどんな資料であっても収蔵しているということを博物館に対する社会的な要請と考えることもできるだろう．しかし，それは最初から実現させることは不可能である．もしそれを博物館の方針として主体的に収集するのであれば，やはり学芸員が自身の専門の幅を広げて，できる限り多くの専門分野をもつように心掛けるということが，1つの解決策である．多くの場合には学芸員は大学時代以後の継続したテーマをもっているものであるが，そのテーマの追及とともに博物館が求める設立理念にしたがったテーマを別個にもち，利用者とともに利用者を巻き込みながら，少しづつ研究の幅を広げ，そのことでより幅の広い，基本コレクショ

ンの収集に勤めるということになるだろうか．つまり基本コレクションの収集についても，長い時間はかかるだろうが，やはり研究を主体にして考えることができるであろう．

現実にも1館あたりの学芸員数はそれほど多いわけではなく，市町村立の綜合博物館でも，自然を1人，歴史を1人で担当しているというような例の方がふつうである．そういう学芸員の場合にも，1人であるから分野のすべてを扱わざるをえないだろうが，もれなく知っているというのではなく，ある分野についての専門家として発言ができることが信頼され，資料が寄贈されてくるのである．

博物館で扱う資料の種類

博物館で扱う資料については，当初は形のある「モノ」が中心であったが，その「モノ」に対する記録類も同時に資料としての対象となり，その比率はつねに変化してきた．博物館法では第2条で「歴史，芸術，民俗，産業，自然科学等に関する資料を収集し，保管(育成を含む，以下同じ)し」として収集する資料の分野を規定し，さらに第3条博物館(事業の(1))では「実物，標本，複写，模型，文献，図表，写真，フィルム，レコード等の博物館資料を」として扱う資料の種類を決めている．しかしここに見られるように博物館法の中では扱う資料の種類を列挙する以外の整理はされていない．

博物館法(1951)当時の資料の種類についての議論としては，宮本(1952)と鶴田(1956)がある．宮本(1952)では，

　　　　a) 実物資料・標本資料
　　　　b) 模型，模造資料
　　　　c) 絵画，図表資料
　　　　d) 写真資料
　　　　e) 録音資料
　　　　f) 記録資料
　　　　g) 図書・刊行物

の7つに博物館資料を区分し，また鶴田(1956)では

　　　　イ) 直接資料
　　　　ロ) 目からの知覚資料
　　　　ハ) 耳からの知覚資料
　　　　ニ) 間接資料

の4つに分類してしている．鶴田(1956)ではそれぞれの資料のより具体的

な内容についてもあげられている.

しかしこの2人が扱っている個別の博物館資料の種類を見ると，元の分類の仕方が異なるものの，扱っている資料の種類はまったく同じであることがわかる. たとえば2人があげている項目を比較すると，宮本のa)と鶴田のイ)，宮本のb) c)d)と鶴田のロ)，宮本のe)と鶴田のハ)，宮本のf)，g)と鶴田のニ)は同じである. 博物館資料を大きく分類するための基準が異なるものの，扱う内容は同じであり，分類のための根拠は明確ではない.

1973年に定められた「公立博物館の設置および運営に関する基準」では第6条(資料)において「実物又は現象に関する資料(以下「一次資料」という)」，「一次資料に関する図書，文献，調査資料，その他必要な資料(以下，「二次資料」という)」として，博物館資料を大きく一次資料と二次資料とに分けた. これに基づいて，一次資料を直接資料，二次資料を間接資料(一次資料の記録)として，博物館資料の大分類とすることについては，一般論としてはほぼ異論はないようである. 2003年に「公立博物館の設置および運営に関する基準」の改正がおこなわれたが，この項目は第3条に移ったが，内容についての変更はおこなわれていない.

しかしその整理の中身は研究者によってかなり異なっている. 博物館資料全体を整理した議論はいがいと少なく，加藤(1977)と千地(1978)とがある. 加藤は，まず大きく一次資料(直接・実物)と二次資料(間接・記録)とに区別し，一次資料を一次製作資料(生き物)と一次標本資料(標本)，二次資料を二次製作資料(ジオラマ)と二次標本資料(立体，平面，無形，知覚)とに区別している.

千地は，まずモノ資料と情報資料とに分け，モノ資料を一次資料(直接資料)と二次資料(間接資料)として，二次資料をさらに有形(立体，平面)と無形資料とに分けている. そして情報資料として印刷物や報告書などをあげている. これらの資料分類について，有元(1999)は，加藤は「公立博物館の設置及び運営に関する基準」(1973)にしたがった分類をし，千地は現場の立場で現実的な分類をしたのだろうと述べている.

しかし加藤と千地が扱っている資料の種類を比較すると，やはりその種類はほぼ同じであることがわかる. 加藤と千地がそれぞれあげている一次資料はほぼ一致し，二次資料では加藤は広く扱い，加藤の二次標本資料の一部が千地の情報資料にあたっている.

加藤と千地の議論で一番異なるように見える印刷物や報告書等の図書・文献資料については，どちらの議論でも，これまでは資料として印刷物はどちらかというと軽んじられてきたが，これからの研究や博物館活動の中では重要であるこ

とを指摘しており，そのような点においても議論の内容はひじょうに似ているといえる．したがって分類の違いは，議論の視点やその議論の目的の違いによって生じているのかもしれない．

そして1950年代の宮本や鶴田の議論と1979年代の加藤や千地の議論を比較すると，やはり博物館で扱う資料の種類については，相互に対応をしていて，同じ内容の資料を考えていることがわかる．

博物館資料の分類についての議論はその後はほとんど行われていない．その後の議論では，倉田・矢島(1997)で千地の情報資料の中に「伝承」を加えたこと，青木(1997)が映像の一部は一次資料に入れるのがふさわしいという議論を行っており，これらは従来の博物館資料に関する議論に対して新しい発想を加えたものと言えるであろう．

そして一次資料と二次資料とはその利用目的が異なることは，たとえば金山が「一次資料の真実」(2001a)と「二次資料の真実」(2001b)として，それぞれの資料からわかることについて可能性を述べる議論がある．

1997年に「博物館法施行規則の一部改正」があり，学芸員資格を所得するために大学で習得すべき科目が10単位から12単位に変わり，博物館学の中から，博物館資料論と博物館情報論という科目がたてられた．また2008年にはその必要単位は19単位となり，博物館資料論は，博物館資料論，博物館資料保存論，博物館展示論に分けられ，博物館情報論は視聴覚教育メディア論と合わせて，博物館情報メディア論となった．このように博物館資料に関する大学での習得科目は増える形で整備された．そのため対応した教科書類も発行されているが，その内容についてはほとんど新しい動きはない．

博物館資料に関する議論はほとんど進展しておらず，ほぼ同じ用語を使いながら引用され，また内容的にも同じ資料を扱いながら，場合によっては別の資料をさして使用されていたことになる．そしてこれらの議論では，一次資料については，実物があるためにその扱いは比較的わかりやすいが，二次資料として扱われている博物館資料についての位置づけがとくに曖昧である．したがって，二次資料とされている資料類について整理し，博物館の研究や事業の中でどのような位置を占めているのかを検証しておくことが必要となるだろう．

博物館の中の図書室の位置

このような中で，一般的に二次資料とされている博物館の図書資料についても，その位置づけは確定しているわけではない．加藤(1996)は研究報告書や学術図書を二次資料とし，それ以外には触れていない．青木(1999)は資料ラ

ベルにつくような採集地や出土地などの文字記録を二次資料としているが，図書一般については触れていない．樋口 (1997) は「学会誌，研究報告書，研究紀要，学術図書などの，欠くことのできないきわめて重要な二次資料である」としている．また倉田・矢島 (1997) では一次資料，二次資料とは別に情報という資料を考え，図書はそこに位置づけている．

それに対して，有元 (1999) は図書が学芸員が事業の参考に使用する時代から，現代は博物館に必要な情報を含む図書の増加と利用者からの要求もあり，図書の博物館資料としての活用形態が大幅に変化してきたため，一次資料と考えるべきであろうという議論をしている．

図書一般が一次資料か二次資料かという議論はひじょうにたいせつではあるが，何よりも博物館の守備範囲がより広くなり，また利用者からの期待が広がる中で，そのような図書の位置付け自体が変化をしつつあるのだろうと考えられる．そのような意味から，博物館の図書の役割と同時に博物館内の図書室の役割について考えてみたい．

博物館と図書館のちがい

博物館と図書館とは同様の社会教育施設と考えられる場合もあるが，その内実はかなり異なるものである．日本大百科全書 (1994) によると，図書館とは「図書その他の資料を収集，保管し，特定，一般の利用者のため，閲覧，貸出し，参考調査などの奉仕活動を提供する機関である」とあり，また図書館法ではその第 2 条 (定義) で「図書館とは，図書，記録その他必要な資料を収集し，整理し，保存して，一般公衆の利用に供し，その教養，調査研究，レクリエーション等に資することを目的とする施設 (以下略)」であるとされている．この 2 つの定義は大百科全書の方がやや具体的であるが，ほぼ同様の内容である．

一方博物館については博物館法で，「歴史，芸術，民俗，産業，自然科学等に関する資料を収集し，保管 (育成を含む) し，展示して教育的配慮の下に一般公衆の利用に供し，その教養，調査研究，レクリエーション等に資するために必要な事業を行い，あわせてこれらの資料に関する調査研究をすることを目的とする機関 (以下略)」と定義している．

これらによれば，図書館は資料を収集・整理して，それを利用してもらう場であり，博物館は資料を収集・整理して，研究し，その資料を活用して，さまざまな博物館事業をおこなう場ということができそうである．学校教育の現場ではかつて「教科書を教えるのか，教科書で教えるのか」と言う議論があったが，同じような言い方をすると，図書館は資料を提供する場であり，博物館は資料を使って利用者の活動をさまざまに補助する場といえるかもしれない．

図書館には図書という資料があり，利用者が求める個別の図書や，あるいは利用者が期待するテーマについての図書を探しだして提供することが基本的な仕事である．それに対して，博物館では資料を収集してそれを学芸員が研究し，その研究の成果を活用して利用者に情報提供をする．その結果として，利用者の自主的な学習活動を助け，あるいは具体的な指導を行い，全体として博物館の事業を進めていく．このように博物館では資料をめぐって，研究，展示，事業などの博物館機能が総合的に動くことでその機能が発揮できる．

　このような資料利用という立場と，資料を使いながらの総合的な事業展開を行うという点において，その資料の位置付けが異なる．図書館法において図書館は「施設」と定義され，博物館法において博物館は「機関」と定義されている点は，その差をはっきりと示すものといえる．

　また図書館と博物館の専門職員の役割にも大きな違いがある．図書館の司書は資料である図書について情報を集め，利用者の要望に対して，必要な図書を提供する．図書館の世界で司書の仕事は「①利用者を知ること．②資料を知ること．③利用者と資料をむすびつけること」(日本図書館協会図書館員の問題調査研究委員会，1974)という言い方がされているが，これは図書館司書の役割を端的に言いあらわしているといえるであろう．それに対して博物館の学芸員はなによりも研究者であり，博物館の資料を自分で研究して，その成果を博物館の事業の中で活かしていく．博物館の資料を直接に利用者に示す場合もあるが，基本はその資料から得られた情報を使いながら，利用者とともに新たな情報を作り，発信していくのが仕事である．

　またレファレンスのサービスでも，図書館の場合には図書を使って情報提供をするのが基本である．たとえば日本の首都を聞かれたとして，当然に知っていることであっても，地図などの図書を示して説明をするのが司書の仕事の基本であるという．それに対して博物館のレファレンスは図書を利用するが，基本は学芸員自身の知識で対応する．図書は基本の知識を確認し，また説明の手段として利用するのである．

　以上のように博物館の事業と図書館の事業，あるいは両者の資料に対する位置づけはかなり異なるものであるが，これまで博物館の側からの図書館との違いについての議論はほとんどなかったようである．また同様に図書館の側からもそのような議論はあまりおこなわれていない．図書館長を勤め，市民のための図書館について多くの発言を行っている前川(1998)は，図書館は資料の利用のための提供をおこない，資料そのものが主体であり，最適の資料をその利用者に提供することについての選択と利用者への伝達に司書の専門性が発揮されるということを述べているが，これは博物館側からの意見を述べてきた筆者の

認識とほぼ同じといってよさそうである．

博物館内の図書室についての考え方

　博物館内には図書室があり，学芸員が自分の研究や事業のために図書を利用するという状態は，ごく当たり前であったが，最近は博物館内に開架の図書室を設け，そこに専任のスタッフがいて利用者と対応するというところが増えてきている．図書館と博物館とは同じように図書を扱いながらも，その図書に対する事業の中の位置付けはかなり違うものであることはすでに述べたが，博物館内の図書室とそのスタッフに対する考え方を整理しておきたい．

　もっとも基本的な点は，博物館内の図書室は，図書館としての機能だけではなく，あくまで博物館の理念を実現するために設置されているのであり，図書に対する考え方や利用者との対応も博物館としての理念による対応が行われるということであろう．したがって博物館内の図書室は，博物館という総合的な機関の機能の1つであり，図書室の目標は，博物館の理念の実現をどのようにして補助できるかということとして良いのではないだろうか．

　博物館は学芸員が自分の研究の成果を活かしながら，展示を作り，また利用者と向き合った事業をおこなう場である．学芸員の活動もまた総合的なものであり，そのような博物館と利用者の間にあって，両者を結びつける場の1つが図書室と言えるのではないだろうか．

　博物館利用者と学芸員との関わりの基本は，学芸員は自分の研究や経験の中から，その最新の成果を専門家の立場で情報として発信し，利用者は博物館を利用する中で，同時に自分が経験してきたことや知識，地元の情報などを博物館にもたらしてくれるという，相互の情報交換からはじまると考えられる．このような中で，学芸員は要望があれば自分の狭い意味での専門分野だけではなく，より幅広い分野の知識や情報を利用者に提供することが必要になることが多く，そういう場合には，図書室の図書を使って，そのような要望に応えることができる．図書室の図書は一般的にも利用者にとっては情報を仕入れる場所であるが，同時に学芸員が利用者に対して情報提供をする時の補助材料として重要である．学芸員の活動は博物館そのものであり，そういう意味で博物館と利用者との間にあって，両者を結ぶものとしての図書室が考えられる．

　このように考えると，図書室の図書は，一般的には博物館の二次資料としての位置づけをもちながらも，「書物」としての実体ではなく，そこに書かれている情報がより博物館にとっては重要であるといえる．先にしめしたように博物館資料の分類についてはまだ未整理な課題が残っているが，そのような視点からの見直しが必要になると考える．とくにコンピューターの急速な発達とインター

ネットなどを活用した情報発信は博物館でもふつうに行われるようになっているため，文字および画像データとしての情報を博物館の資料の中に位置づけて考えることが必要になってきている．この際に，コンピュータ情報と図書に書込まれた情報とをどのように区分するかは難しい課題となるだろう．倉田・矢島(1997) での博物館資料の中に情報という分野を考えるという分類は現実的な提案として，整理をしなおすことが必要かもしれない．

また図書をそのような情報的な資料と考えると，その管理についても博物館資料一般とは異なる側面が考えられる．博物館からの情報発信の手段であるならば，当然のこととして博物館で収蔵する図書の分野はより広くその内容も充実していることで，その機能が発揮されることはまちがいないために，他の博物館資料と同様に，図書の収集と整備，そして保管は博物館としての方針に基づいておこなわれる．しかし，博物館資料は，永久保存を前提にしながらの利用が前提であるが，図書資料の場合には一般的にはその利用を優先した取り扱いがされると考えられる．もちろん図書の中には貴重な図書もあるだろうし，すべての図書が同じではないが，現実的な図書室の運営方針の立案，たとえば利用者の図書利用への制限や開架と閉架との扱い，あるいは図書整理の方法やデータの管理などにおいては，一般的な博物館資料の方法論以上に，利用することを最優先するような扱いを行うことを考えることが必要になってくるだろう．なお，歴史的な意味のある希少な本などの，その本の「モノ」としての価値がある図書については，「モノ資料」としての扱いをすることについては当然のことである．

そして同時に博物館内の図書室の図書を管理する司書の役割も，一般的な図書館司書とは少し異なる側面がある．一般的な図書館の司書は要望のあった内容の図書やレファレンスの内容に即した図書を利用者に提供することが仕事の内容である．それに対して博物館の図書室では図書を扱うのは司書の役割であるが，来館者に対応するのは学芸員の役割である．博物館の来館者からは，特定の図書を見ることについての要求はふつうはなく，あるテーマについて，あるいは特定の分野について書かれた図書の要望がある．しかし博物館利用者との対応からいうと，その図書を提供すればすむことはひじょうに少なく，その図書の図や記述内容を参考にしながら，学芸員が説明してはじめて疑問が解けるという場合がほとんどである．またまったく見当違いな図書の要望がでることもあり，要望の通りに図書を提供しても，まったく解決にはならない場合も多い．図書室の図書はあくまで利用者との対応の補助手段であり，その場で提供するのはやはり学芸員の知識に根ざした情報である．図書室の専任のスタッフがいる場合にも，図書利用者とのやりとりを直接にするのは学芸員だろう．

博物館にある図書室の司書の役割は，図書を知り，その図書の整理保管を行い，そして利用者と学芸員(博物館)とをつなぐ役割をもつと考えられる．

　このことは開架図書だけではなく，閉架の図書においても事情は同じである．閉架図書は来館者からの要望があれば利用できるのがふつうであるが，一般的にはやはり学芸員が自分の研究のために使用するということが多い．その研究の成果が博物館活動に活かされるものであるため，学芸員の研究を円滑に進めるための図書整理ということは，同時に博物館の活動を進めるための手段でもある．そういう意味において，博物館の図書室の目的としては，学芸員の研究目的での利用ができるような図書整備と環境整備を行うこともあげられる．

　なお博物館内の図書室は，それぞれの博物館が扱うテーマについての図書を収集し活用してもらう場所であるため，図書館の範疇で言えばそのテーマにおける専門図書館ということになる．しかし専門図書館が多くの場合に特定のある分野に興味がある人のみを対象としているのに対して，博物館の図書室はテーマは専門的であるが利用する人は博物館の利用者一般である．その点で専門図書館とは違っている．このような点については，図書館学での議論と併せて博物館内の図書室の位置づけを議論をする必要がある．

　博物館内の図書室は一般的な図書館とは違って，博物館の理念や機能をより効果的に発揮することがその設置目的であり，同時に博物館の日常活動をおもに担い，その研究の成果が博物館活動に活かされる学芸員の研究を支えることも目的の1つであると考える．

　このような博物館内の図書室の位置づけを図書館学での図書理論とすりあわせて，博物館の図書室についてのより厳密な議論が今後必要となるであろう．

　また博物館の資料論の中での図書の位置についても，これまであまり議論が進んでいなかったが，新しい分野の資料として博物館の中に位置づけることが必要となる．その際には，コンピューターでのデータとともに情報資料として整理をすることができそうである．

博物館で扱う情報

　図書文献資料や静止画や動画というような資料は，博物館資料としては一般的には二次資料の一部として位置づけられている．もともと二次資料とは一次資料の記録であるといわれており，一次，二次という用語に見られるように，この用語に資料としての価値をも意識しているように思える．しかしすでに見てきたように，二次資料の中にあるいは二次資料の中だけに一次的な情報が含まれている場合もある．したがってこの「実物資料と記録」という分類の方法に無

理があるのではないかと考える．

使える情報と使えない情報

　二次資料の実際の利用例などを見ていくと，図書・文献がそうであるように情報が載っている資料の形態や資料そのものに意味があるのではなく，そこに含まれている情報に意味があることがわかる．博物館の二次資料の大部分は情報を収集しようとしているのである．しかし映像資料のように従来は二次資料とされながら，中にはその資料がもっているすべての情報がすぐに利用できない，あるいはすべての情報を利用することを目的とはせずに収集しているものがある．そのため映像資料は一次資料として扱うのが相応しいという主張（青木，1999）がされている．

　それに対して博物館の一次資料，いわゆる実物資料の場合は，その利用は現在利用可能な情報は限られる．つまり実物資料は利用可能な情報以外により多くの情報を隠しもっているのである．ふつうには現在の知識や技術で利用可能な情報を利用して研究を行い展示等に利用する．したがって資料が実物であるということの意味は，「実物だから展示して迫力が違う」「実物だから細部までよくわかる」というようなことは別として，実物資料はそのもっている情報の一部を利用しており，研究が進み技術が進むとさらに多くの情報が入手可能な場合があるということである．

　したがって先にも述べたように実物資料がもつ情報を誤解して理解しているような可能性がある場合には，もとの資料にあたって確認する必要が生じる．またある資料にかかわる時代，分野などの研究が進んで改めて考えなおす必要が生じた時には，やはり元の資料にあたって調べ直すことが必要であろう．たとえば生物資料についての記載や同定に疑問が生じた時には，元の資料にもどって確認し，最初の記載の時にはわかららなかった情報や，場合によっては技術的に解明できなかったような情報すらとりだすことができる．これが博物館が一次資料と二次資料を区分し，あるいは生物資料の場合にタイプ標本を特別扱いしてまでもたいせつに扱う理由である．

　当然のこととして，何らかの分野の資料の体系についての疑問や新しい考えがだされた時には，収蔵されている資料にあたって研究しなおすことで，これまで気がついていなかったことがわかる場合がある．以前にナガレヒキガエルという新しい種が発見されその特徴が公表された時，全国の博物館などのヒキガエルの標本をチェックして，どの収蔵庫でもその中にかなり多数のナガレヒキガエルの標本が含まれていることがわかったという例がある．同じ資料であっても，見ていない形質があり，そのためにすべて同じ種にしていたということである．

そして博物館の一次資料と二次資料の全体を「情報」というキーワードで改めて見てみると，じつは博物館資料全体を情報として扱うことができることがわかる．

博物館では，当面利用可能な情報あるいは見えている情報を利用するために資料を収集しているのであって，一次資料と言えども資料がもつ情報のほんの一部のみを目的に収集していると言える．そう考えると一次資料で，利用しているのは「モノ」ではなく，その「モノ」のもつ情報であって，図書と同様に情報が載った媒体としての「モノ」を収集しているということができる．こういう視点からは，博物館で収集しているのは一次資料と二次資料を問わず，「モノ」ではなく情報であるということができる．つまり博物館資料とは情報であり，その情報が載った媒体はその種類によってさらにいろいろな情報を隠しもったものもあれば，比較的一面的な情報をもったものもあるという区別ができる．ただしすでに述べたように，資料の分類は形態や利用方法から行うべきであって，資料価値とは別であることは前提である．

梅棹忠夫の「博情報館」とのかかわり

このような博物館の資料は情報であるという議論は，すでに梅棹が行っている．梅棹 (1978) は「博物館というものは本当は博情館でなければならないと言われている．扱うのはモノよりむしろ情報なのだ」といい，以後も同様な発言をおこなっている．たとえば国立民族学博物館創設十周年の記念講演 (1985) でも「博物館の物という字は誤解をあたえやすいので，むしろ博情報館，あるいはちじめて博情館というほうがいいのではないかという意見もあるぐらいであります」と述べている．このような一連の発言は博物館資料論としての発言ではなく，むしろ国立民族学博物館にかかわった議論であり，博情館ということについてもその内容についてはそれ以上には触れられていない．そしてたとえば梅棹 (1979) の「博物館においては物品，物資，物体はすべて情報として役立っているのである．あるいは物はここでは情報に転化しているのである」というような議論にあるように，博物館資料を使おうとすると情報の形にして発信していくことが必要であるということを強調しているように思える．どのような資料であれ，保管してあるだけでは活用のしようもなく，そのものがもつ情報を利用できるように加工し，発信することが博物館の役割であるということであろうか．梅棹は情報産業論 (1962) をごく初期にとなえたことで知られているが，情報を通じて世の中が動くこと，そして博物館は情報産業の場ととらえており，コンピューターを活用して，資料のもつ情報を広く発信することのたいせつさを述べたのだろう．

この博情館という言葉から，これからの博物館は情報だけがあればいい，あるいは情報だけの博物館の可能性について意見(高橋,2001)を聞くことがあり，また実際にそういう博物館や水族館ができている．しかしそれは資料と情報との関係を見ていない議論であろう．もともと，博物館資料は収集されているだけでは誰も利用できない．そして資料に関する情報は，元になる資料抜きにしては，その価値は大きく下がる．博物館が博情報館となって情報を発信すればするほど博物館がもつ実物資料の価値はますます大きくなるというような性格をもつ．博物館の資料はその資料に関する整備をし，情報を発信することで利用できるようになる．ここでいう情報とは利用するための手段である．

　このように梅棹の博物館に関する議論は資料論としておこなわれたものではなく，また本人がそれ以上の議論をほとんど展開していないために誤解を受けていると思われる点もあるが，この一連の議論を博物館資料論として推し進めていくと，博物館で収集する資料はすべて情報として扱えるというところまで行き着くと考えられる．

　これまで博物館の資料は情報であるという立場での議論をおこなってきた．しかし情報という用語にも混乱があるように思う．情報とは一般的には「物事に対する事情」というような意味あいで用いられてきた．その情報を知ることでその物事についての知識が得られるということである．しかし最近は情報というとデジタル情報，コンピュータ上に加工された情報のことをさすことが多い．

　コンピューター上の情報は，画像であれテキストであれもともとの何等かの情報をコンピューターで活用できるように加工したものであり，博物館資料としては新しいものではない．むしろ博物館資料の中の一部を加工し，大量にあるそして多様な資料を効果的に活用するための手段でありコンピューターを使用した情報の表現形態である．そして，博物館資料を利用者と結びつけるための手法であると言える．デジタル情報が直接資料(一次資料)である例は，作成されるソフト以外にはおそらくない．ただしデジタル情報の1つとしての写真については，これまでの通常のフィルムでの撮影と同様に，撮影されたデジタル写真情報のあるものは一次資料として位置づけられるであろう．この点は新しい記憶媒体としての問題ではなく，これまでと同じ写真としての意味での分類である．

博物館資料の利用

　博物館資料の利用目的は，青木(1999)によれば「展示，研究，保存，教育」をあげており，樋口(1997)が「学術研究，展示・教育，保存」をあげ，加藤(1996)が「展示，研究，保存と，それらの横断的なものとしてレプリカ」を

あげている．各事業の重みのニュアンスは異なるかもしれないがほぼ同様の主張であり，展示を一義的なものとし保存上の問題や技術上の問題を除けば，博物館資料は展示資料として活用することができるとしている．そして展示以外の教育的な利用については，資料の破損や劣化，損壊などがおこらないような注意とレプリカなどの使用を優先することをあげている．

このような議論は資料保管の立場からは当然のことではあるが，同時にそれ以上の資料利用の可能性はないのであろうか．もちろん利用と保存とは相反することであり，博物館の資料保存の役割が大きいことは当然であるが，それにしても博物館の資料は本質的には利用するために保管されているということができる．博物館の設置目的が収集から展示へ，そして利用者の活用へと変ってきているということは議論されているが(伊藤，1993)，博物館資料についても利用ということにより意識を向けることはこれから求められることであろう．博物館資料の収蔵目的は将来の世代に対して資料を残すということを説明されることもあるが，それも基本的には将来の世代の利用が可能なように保管するのであり，現在の利用も当然考えられるべきであろう．

利用するという立場で考えると，博物館資料の中にもかなりの幅があると思われる．たとえば光を当てることも避け，温湿度を一定にした中で保管することが必要な資料もあるが，生物・地学・考古などの資料の中にはそれほど神経を使う必要のない資料も存在する．あるいは生物資料の場合には，基本参照標本として利用するための資料を作成する場合もある．そのような日常的な利用が可能な資料を，できるだけ積極的に活用するという方向で考えると，展示や専門家による研究利用以外にも２つの利用形態が考えられるであろう．

１つは博物館がおこなう講座や講演会等での利用である．博物館は「モノ」をもっていることが特長であり，その博物館が行う事業は資料を見ながら行う方がずっと効果的であることは経験的にもあきらかである．そして使用する資料はレプリカでも効果はあろうが，直接に身近に見て，触ってその資料などについての話を専門家から聞くような場合には，展示以上に実物が訴えかける力は大きい．例として小学校の生徒に土器の話をし，展示してある実物の完形品の土器を順に持たせるという実践例(金山，2000)が紹介されているが，子どもたちも，実物を手にして丁寧に扱い実物にふれることで学習効果もひじょうに大きいということである．学校での総合的な学習の展開の中で博物館への期待が大きいが，このような活動をとおして博物館が利用者により身近な存在となる可能性もある．可能な限りにおいて実物資料を使った学習活動をおこなってみたいものである．

もう１つはより日常的な博物館利用者への対応である．博物館利用者が自分

の学習のために博物館の資料を利用したいというような場合や，あるいは博物館に一般的な質問をしてきた利用者に対して資料を見ながら説明をした方が良いような場合がある．このような場合も，博物館資料を使う方が具体的で効果のある説明ができるのであれば資料を活用する方が良いであろう．少なくともこのような場合には学芸員がついているので，特別なもの以外であればその資料の取扱についてはそれほど問題はない．もちろんレプリカですますことができる場合も多いだろうが，対面して細部について話をするような場合には，レプリカでは間に合わない場合も生じる．実物であればこその説得力があり，またその利用者にとっては博物館という場を理解することにつながるであろう．現実には資料をとりだす，あるいは収蔵庫等に案内することの煩雑さと，標本に対する防虫などの問題を考慮する必要がある．

　このような2つの例には，その中間のようないろいろな資料利用の形態があると考えられる．いずれにしてもどのような場合にも，資料を使って利用者と対応するということの効果を考え，できるだけ資料を活用する方向で考えることはできないだろうか．

　琵琶湖博物館では，目的がはっきりとあって博物館を利用する人だけではなく，とくに目的がなく博物館を利用する人に対しても，その人向けの博物館の活用プログラムを準備しておくということを考えている．上の例はどちらかというと目的がはっきりしていて博物館を訪れる利用者向きであり，そうでない人に対しても博物館資料を使った博物館の楽しみ方ができるように，博物館の側は考えておかなければならないと考える．たとえば琵琶湖博物館では，展示室での学芸員による「フロアートーク」や「展示交流員と話そう」のような機会に展示していない資料を活用したり，総合案内や質問コーナーなどにめだつ資料をおくことで，来館者との交流のきっかけになるというようなこともある．また随時小さなテーマ展示を行ったり博物館からの広報などを通して，博物館にいろいろな資料が収蔵されており利用が可能であることも知ってもらえるような機会を作ることが必要であろう．

　なお最初から利用するための「貸出資料セット」を準備して学校などの貸出すような場合もある．このような場合にはレプリカでセットを作るような例もあるが，実物資料の場合も見受けられる．

利用者による資料収集と利用

　現在博物館に期待される役割を「利用者にとって使いやすい博物館」あるいは「利用者が主体的に利用することができる博物館」と考えると，博物館のす

べての活動分野において，利用者の主体的な参加が可能な状態(布谷, 1998)を準備することが望まれる．資料収集と資料整備保管においてもそのような視点で考えてみたい．

　博物館の活動に参加する利用者が，博物館に資料をもたらす例は多い．自然系の分野では，積極的な利用者から持参した標本の名前を聞かれ，その名前を調べることで，その資料が博物館に寄贈されてくるという例は多い．民俗系や歴史系でも同じような例は見られる．このような例は日常的に学芸員が利用者の質問に応え，信頼を得ているからこそ起こることである．

　また博物館の資料を利用して卒業論文を書いたり，同好会の原稿などを書く人がかなりいることも博物館ならではの特長である．現実にも資料が好きなので博物館資料整理の手伝いをさせてほしいというような人が現れる．このような人たちの活動を支援することは利用者の期待に応えることであり，結果として資料の整理が進む．博物館の資料は多くの人に活用され研究されることで，その資料に関する情報が増加して，その値打ちをより高めるという性格のものであり，利用されることは博物館の目的にも合致する．

　利用者による資料収集と活用についての組織的な好例は神奈川県植物誌を作成する過程(浜口, 2000)で見ることができる．これまで大多数の県でまとめられた植物誌は，県の植物同好会などが会員の情報を集めて作ったり，あるいは県の名の通った採集家の標本を中心にして作られることがふつうであった．神奈川県の場合には1979年に神奈川県立博物館と地域の植物会が中心になって計画をし，調査者は一般募集をして集った約150人の植物についてはほとんど素人のメンバーの手で，9年間をかけて1988年に1400頁を越える冊子として発行された．この9年間に神奈川を7ブロックと108の区域に分け，それぞれの区域ごとの植物誌が作られ，そのまとめとして県の植物誌が作られるような構想で，植物の採集をしながら名前を調べ連絡誌を発行し，難しい植物の仲間については専門家を呼んでまとまった勉強会を行い，結果としては12万点の資料を収集整理し，同時に植物の素人であった参加者は植物に詳しい調査者となった．そして作成方法がすべて自前であるというユニークさとともに，分布図の細部のスケッチなど，内容的にもこれまでの県植物誌とはまったく違った新しいものとして高い評価を受けた．

　この調査の中心に神奈川県立博物館と，平塚市，横須賀市の博物館がセンターとして機能したことが，この植物誌が成功した要因(大場, 1988)であるという．つまりまったくの素人が博物館に集まり，自主的に学習しながら12万点の資料を集め，植物の専門家でもふつうは一生をかけてもできないような大きな研究成果をあげたことになる．そしてその調査グループは，植物誌の発行以

後も調査を続けて，現在は相模原市，厚木市などいくつかの博物館を拠点に加えて2001年に新しい『改定版神奈川県植物誌』が発行された．

　琵琶湖博物館では，その開館前から生物の分布や気象，地域での水の利用，水辺での子どもの遊びなどについての住民参加型調査を繰り返し実施し，情報，資料あるいは映像などを集め，その参加者数は絶対数でおよそ2万人をかぞえた．いわゆる「デキゴト」情報の収集が多かったが，「モノ」もかなりの数で集まってきている．また古い写真の展示会を巡回展示としておこない，博物館から地域への働きかけの結果，多くの古い写真の寄贈があった．あるいはいくつかの博物館を活用する研究会があり，たとえば，「蜻蛉(とんぼ)研究会」は県内を10km四方のメッシュに分けてその単位ごとに徹底した分布調査をおこない，その結果98種のトンボの分布図を作りあげて，滋賀県を全国でももっともトンボの種類が多い県とした．その結果は博物館の企画展示会として公表され，出版物(蜻蛉研究会，1998)としても公表された後で，資料の大部分は博物館に寄贈された．

　あるいは琵琶湖博物館のフィールドレポーターという制度では，メンバーで自主的に調査テーマを決めて毎年2～3の調査をおこなっているが，2000年春の「田んぼの生き物調査」では，学芸員とともに，生き物分布図を作り，資料の収集とともに新たな知見を得た．また「はしかけ」という自主活動グループの活動では滋賀県内の小河川の魚の徹底した調査をはじめており，その収集された魚の整理と登録の作業も学芸員の指導の元で，「はしかけ」のメンバーがおこなっている．

　このような例は現在の博物館では数多く見ることができるであろう．つまり専門家だけではなく，一般の利用者が自分たちの学習を目的として博物館に集まり，学芸員を中心とした学習(調査)の結果，大量の資料を収集し登録して，同時に資料を使った二次的な研究成果までしてしまうという例である．

　こうした場合，登録され収蔵庫に収められている資料の管理の責任はもちろん博物館の学芸員にあるが，利用については，もちろん取り決めを作りながらも，その利用者が研究用に利用できるように，しやすいような形にすることが必要になってくるであろう．つまり収蔵庫が利用者の共通の資料庫とせざるをえない側面ができてしまう．もちろん収蔵庫としての本来の機能を損なわないようにするための課題は多いが，利用できる方向での検討を行わざるを得ないであろう．利用者が積極的に博物館を利用し資料を集め整理をしてくれる状態は，博物館としては理想的と考えて良い．その結果は資料の利用についても，利用者の声を活かさなければならないという新しい方向を生みだしている．

　そしてこのような場合にも，利用者は最終的には，新しい課題に向かって研

究を行うために博物館を利用するわけであり，博物館資料の利用の課題はやはり研究という問題に結びついている．

参考文献

青木 豊 1997. 博物館映像展示論．雄山閣 東京．252pp.

青木 豊 1999. 博物館資料の分類．博物館資料論 新版博物館学講座・5 雄山閣 東京 pp 13-104.

有元修一 1999. 博物館資料とはなにか．博物館資料論（有元修一編）樹村社 東京 pp 1-11.

倉田公裕・矢島國雄 1997. 収集論 新編博物館学 東京堂出版 東京．pp 149-176.

前川恒雄 1998. 図書館について 前川恒雄著作集 1. 出版ニュース社 東京．219pp.

日本大百科全書（第二版）1994. 日本大百科全書 17（第二版）小学館 東京．

新井重三 1973. 博物館における「研究」の性格と機能的にみた博物館の分類．博物館研究 45(2) pp 1-20.

千地万造 1978. 博物館における調査・研究　調査・研究と資料の収集（千地万造・編）．博物館学講座・5 雄山閣 東京 pp 3-52.

藤原 学 1998. 博物館資料の収集と保管 博物館学概説（網干善教・編）．関西大学出版部 大阪．pp 116-125.

浜口哲一 2000. 放課後博物館へようこそ．地人書館 東京．239pp.

浜根 洋 1963. 博物館学について．博物館研究 36(12) pp 3-4.

樋口弘道 1997. 博物館資料論．博物館学教程（大堀　哲・編）．東京堂出版 東京堂 pp 67-84.

伊藤寿朗 1993. 市民のなかの博物館．吉川弘文館 東京．190pp.

金山喜昭 2000.「教える」から「学ぶ」への転換．学び心を育てる博物館（博物館と学校をむすぶ研究会）．ミュゼ 東京．pp 8-23.

金山喜昭 2001a. 一次資料のもつ「真実」とは．博物館と情報公開②．ミュゼ 46 pp 24-25.

金山喜昭 2001b. 一次資料と二次資料の特性を共に生かす．博物館と情報公開④．ミュゼ 48 pp 26-27.

加藤有次 1977. 博物館学序論．雄山閣 東京．263pp.

加藤有次 1996. 博物館学総論．雄山閣 東京．378pp.

宮本聲太郎 1952. 博物館学講義要綱（再掲　1985　民俗博物館論講．慶友社．東京　pp 51-80.）

日本図書館協会図書館員の問題調査研究委員会 1974. 図書館員の専門性とは何か（最終報告）．図書館雑誌 63(3) pp 104-111.

布谷知夫 1998. 参加型博物館に関する考察　琵琶湖博物館を材料として．博物館学雑誌 23(2) pp 15-24.

布谷知夫 2001. 博物館資料と研究およびその利用．博物館学雑誌 34(2) pp 11-20.

布谷知夫 2002. 博物館資料としての情報．博物館学雑誌 35(1) pp 1-11.

大場達之 1988. おわりに．神奈川県植物誌 1988 神奈川県立博物館 pp 1413-1414.

高橋 裕 2001. 博物館は人づくり　地域博物館への提言．日本展示学会・展示学講座実行委員会（編）ぎょうせい 東京．pp 65-73.

鶴田総一郎 1956. 博物館学入門（本編）．日本博物館協会編 理想社．東京．248pp.

蜻蛉研究会 1998. 滋賀県のトンボ．琵琶湖博物館研究報告書　10 号 琵琶湖博物館．283pp.

梅棹忠夫 1963. 情報産業論. 中央公論 中央公論社 東京. 79(3) pp 46-58.

梅棹忠夫 1978. 序文　わたしの知的生産の技術.「知的生産の技術」研究会・編 講談社 東京. pp 1-5.

梅棹忠夫 1979. 現代の蔵としての博物館. 蔵　くらしを守る 東京海上火災保険株式会社. pp 65-73.　（再掲　1987　メディアとしての博物館. 平凡社 東京. pp 31-48.）

梅棹忠夫 1985. 博物館は未来をめざす. 月刊みんぱく 1 pp 2-7.

第 2 章　博物館における資料研究のあゆみ

八尋克郎

　資料を収集・整理し，保管し，利用に資することは博物館のもっとも重要な機能の1つである．どのような資料を収集しているのかが，その博物館の性格を特徴づける．資料は博物館にとって重要なものであるが，博物館における資料研究は大きく2つに分けられる．1つは資料そのものの研究であり，もう1つは博物館学の一分野である「博物館資料論」に関する研究である．
　はじめの資料そのものの研究は，これまでに数多くなされてきた．たとえば博物館に収蔵されている生物標本を利用した新種の記載を含む分類学的再検討に関する研究がそれで，生物学の発展に大きく寄与してきた．また民俗学，考古学，歴史学のような既存の学問分野においては，歴史研究の資料をどのように扱うのかの議論がされている(国立歴史民俗博物館編, 1999)．
　次に「博物館資料論」に関する研究については，これまで博物館資料の整理・保管についての技術論は多くあったが，資料の位置づけなど資料に関わる博物館学の理論についてはあまり議論されていない．この章では，「博物館資料論」とは何かをもう一度整理するとともに，博物館学において「博物館資料論」という言葉がいつごろ登場し，それにはどういった背景があるのか，そのあゆみを探る．なお，資料の位置づけや分類の問題など理論的な部分については，それぞれ第1章の「博物館資料とは」で資料の位置づけに関する議論，第3章の「博物館法にみる資料のとらえ方」で資料の分類に関する議論をおこなっているので，そちらを見ていただきたい．

博物館資料論とは

　「博物館資料論」については序章でも少し触れているが，石森(2000)によれば「博物館資料論」は博物館資料の収集，整理・保管，展示などに関する理論や方法について知識・技術の習得を図ることがねらいであり，その内容は博物館資料の収集，博物館資料の整理保管，博物館資料の保存，博物館資料の展示，博物館における調査研究活動の意義と方法などが中心となっている．つまり，「博物館資料論」は博物館学のうち博物館資料にかかわる一分野で，博物館資料の位置づけなど博物館資料に関わる理論的な問題から収集・整理・

保管・利用の方法を含んだ多岐にわたる分野であると定義づけることができよう．博物館資料論が学問の1つの分野であるためには，段木 (1998) が「資料を多く観察することによって，"勘"は育つが，これを理論化し，科学し，"学"まで高めない限り博物館学は成立しないのである」と述べているように，理論化しなければ博物館資料論とはなりえないのである．

博物館資料論のあゆみ

　博物館資料論は博物館学の一分野であるが，博物館学において最初から「博物館資料論」という言葉が使われていたわけではない．では「博物館資料論」という言葉が博物館学において使われはじめたのはいつ頃からであろうか．まず棚橋 (1950) による『博物館学綱要』が出版される．この本において博物館資料の収集・整理・保存のことが扱われている．次に加藤 (1977) によって『博物館学序論』が出版されるが，博物館資料について扱った部分には「博物館資料の修理と製作」として扱われている．同じ頃，博物館学の集大成とされる旧版『博物館学講座』(1978) が出版されるが，この本の内容のうち，博物館資料について扱った部分は，第5巻「調査・研究と資料の収集」のII「博物館資料とその収集」である．ここでは博物館資料とは何かについてや博物館資料収集について詳しく述べられている．また1979年に『博物館学講座』の第6巻が出版されるが，博物館資料について扱った部分は「資料の整理と保管」である．ここでは資料の整理と保管の方法について詳しく述べられている．その後，『博物館学概論』(伊藤・森田 , 1978)，『博物館学』(倉田 , 1979)，『博物館学概説』(網干・小川 , 1985)，『博物館学入門』(関 , 1993) とつぎつぎに博物館学の本が出版されるが，博物館資料を扱った部分に「博物館資料論」という言葉は使われていない．つまり1970年代の後半〜1990年代前半まで博物館学の本においては「博物館資料論」という言葉が使われていないことがわかる．

　博物館学の本のなかで「博物館資料論」という言葉が登場するのは，加藤 (1996) の『博物館学総論』が最初である．この本の第6章「博物館資料論」の第1節「博物館資料の概念」，第2節「情報媒体としての博物館資料の形質的分類とその製作」，第3節「資料の種類」において博物館資料論という言葉が登場する．その後，『新編博物館学』(倉田・矢島 , 1997) のなかでは，「収集論」として1つの章を割いて資料の収集の理念と原則，資料の収集や保存の方法について論じている．また，『博物館学概説』(網干 , 1998) のなかでは「博物館資料論」として扱われる．1990年代後半の頃には『博物館資料論と

調査』(段木, 1998),『博物館資料論』(有元, 1999),『博物館資料論』(石森, 2000) といったように「博物館資料論」というタイトルの本が出版されはじめる．そして,『新版　博物館学講座』(加藤ら, 1999) のなかでは，第 5 巻で「博物館資料論」として扱われる．近年の博物館学の本では，金山 (2003)，全国大学博物館学講座協議会西日本部会 (2008) でみられるように博物館資料を扱った部分は「博物館資料論」としてまとめて論じられている．

　有元 (1999) が指摘しているように，博物館学において本格的に博物館資料論という言葉が使われまとめて論じられるようになったのは，文部科学省の博物館法施行規則の改正 (1997 年 (平成 9 年) 3 月) 以降のことである．博物館法の施行規則の改正では，第 1 章「大学において修得すべき博物館に関する科目の単位」として博物館概論，博物館経営論と並んで博物館資料論が必修科目となっている．すなわち，博物館資料論が学芸員養成課程の博物館学関係必修科目となったことが，博物館学の本で博物館資料論という言葉が使われはじめた背景にある．

　博物館に関する本において「博物館資料論」という言葉が登場するのは，文部科学省の博物館法施行規則の改正以降のことであるが，資料論の議論がこの時代からはじまったわけではない．資料論の議論は，すでに棚橋 (1950) の時代からされている．棚橋 (1950) は，第 4 章「博物館資料の蒐集整理保存」において，収集品の重要性を指摘したうえで，「資料の蒐集にあたっては，まず目的すなわちその用途を明らかに念頭において取り掛るべきであって，それが陳列品として使用されるのか，あるいは研究資料として貯蔵されるのか，あるいは陳列用の模型またはジオラマ製作の材料に供せられるのかなどについて，じゅうぶんな考慮がはらわなければならぬ」と述べている．ここでは，海外の博物館の具体的な事例をもとに資料の整理や保管の方法について多くの頁を割いて議論している．また千地 (1978) は『博物館学講座 (旧版)』において，「博物館では資料があるからそれを研究するのではなく，研究をするからその学芸員の元に資料が集まってくる」と，資料と研究との関係，すなわち資料の位置づけについて論じている．つまりは資料論の議論としては，1951 年の博物館法成立の初期の時代から博物館学の基礎的な議論がすでにされており，そういう議論がおこなわれた後，現代的な博物館のもっとも初期の議論として加藤 (1996) の『博物館学総論』があるという位置づけになるだろう．そして，この時代を境にして博物館学において「博物館資料論」という言葉がふつうに使われはじめるのである．

　これまでの博物館資料についての議論の内容は，資料の位置づけなど理論的なものというよりは，資料論の中の資料の収集，整理，保存，管理の技術的

な方法に関することが中心であった(日本博物館協会, 1973; 安藤, 1998; 記録史料の保存・修復に関する研究実行委員会, 1995; 松浦, 2003). こういった資料の収集や整理, 修復・保存の方法については, 博物館資料を自然史系資料や人文系資料というように分野別に論じられている. 1985年に青木によって『博物館技術学』が出版される. この本では「博物館技術学は資料収集・資料分類法・展示技術・保存技術などから成り立つ多岐におよび技術学である」(青木, 1985)と定義しているように, 資料の収集や保存の方法や技術を1つの学問分野として扱おうとしている. こうした動向からも, 博物館資料論については, 資料の整理保管の技術論はこれまで多くあったが, 資料に関わる理論的な部分についての議論はあまりされていないことがわかる. 有元(1999)は「博物館資料論という分野は, これからの分野といえるのである」と述べているが, 博物館資料論のうち, 資料の位置づけに関する理論的な問題がとくに大きな課題となっている.

参考文献

網干善教・小川光暘・平祐史 1985. 博物館学概説. 佛教大学通信教育部 京都. 319pp.

網干善教 1998. 博物館学概説. 関西大学出版部 大阪. 338pp.

安藤正人, 1998. 記録史科学と現在 アーカイブズの科学をめざして. 吉川弘文館 東京. 352pp.

青木 豊 1985. 博物館技術学. 雄山閣 東京. 231pp.

有元修一 1999. はじめに 博物館資料論(大堀哲 監修). 樹村社 東京. 247pp.

千地万造 1978. 調査・研究と資料収集. 博物館学講座・5. 雄山閣 東京. 246pp.

段木一行 1998. 博物館資料論と調査. 雄山閣 東京. 296pp.

石森秀三 2000. 博物館資料論. 放送大学教育振興会 東京. 185pp.

伊藤寿朗監修 2001. 博物館学綱要. 博物館基本文献集 第13巻. 大空社 東京. 319pp.

伊藤寿朗・森田恒之 1978. 博物館概論. 学苑社 東京. 503pp.

金山善昭 2003. 博物館学入門〜地域博物館学の提唱. 慶友社 東京. 251pp.

加藤有次・西 源治郎・米田耕司・鷹野光行・山田英徳(編)1999. 博物館資料論. 新版博物館学講座・5. 雄山閣 東京. 247pp.

記録史料の保存・修復に関する研究実行委員会 1995. 記録史料の保存と修復文書・書籍を未来に遺す. アグネ技術センター 東京. 240pp.

国立歴史民俗博物館編 1999. 民俗学の資料論. 吉川弘文館 東京. 182pp.

倉田公裕 1979. 博物館学. 東京堂出版 東京 280pp.

倉田公裕・矢島國雄 1997. 新編博物館学. 東京堂出版 東京. 408pp.

松浦啓一編著 2003. 標本学 自然史標本の収集と管理. 国立科学博物館叢書③ 東海大学出版会 神奈川. 250 pp.

日本博物館協会 1973. 自然史博物館の収集活動. 日本博物館協会 東京. 293pp.

関 秀夫 1993. 日本博物館学入門. 雄山閣 東京. 295pp.

柴田敏隆 1979. 資料の整理と保管. 博物館学講座・6. 雄山閣 東京. 258pp.

棚橋源太郎 1950. 博物館学綱要. 理想社 東京. 319pp.

全国大学博物館学講座協議会西日本部会 2008. 新しい博物館学. 芙蓉書房出版 東京. 254pp.

第3章　博物館法にみる資料のとらえ方

佐々木秀彦

　博物館というものが公的な存在であることを日本国民が定めたもの．これが博物館法である．いわば社会と博物館を結びつける公共性の「拠り所」といえるだろう．その博物館法と関連の規程で資料はどのように定義・分類されているのか．じつはこの点にあいまいなところがあり，関係者のあいだで混乱が生じている．

　博物館の資料が人々にとって意味のあるものとなり，資料を利用するには，「資料とは何か」という基本を共通の理解とすることが求められるだろう．そのような共通理解をめざすのが，この章の目的である．まず博物館法規では資料がどのように定義・分類されているかを確認し，その問題点を指摘し，次に資料の分類に関する議論を紹介して，新たな定義・分類を提案する．

博物館法規による資料の定義と分類

博物館法

　博物館法第二条では博物館が扱う資料を「歴史，芸術，民俗，産業，自然科学等に関する資料」として資料の分野を列挙している．博物館の事業を規定した第三条では「実物，標本，模写，模型，文献，図表，写真，フィルム，レコード等の博物館資料」とし，資料の性質や形態を列挙している．このように法律の条文では資料の分野と形態を例示しているのみで，それ以上は厳密に規定していない．

公立博物館の設置及び運営上の望ましい基準

　博物館法第八条で「文部科学大臣は，博物館の健全な発達を図るために，博物館の設置及び運営上の望ましい基準を定め」ることを規定している．この規定を受け，文部省告示として1973年に「公立博物館の設置及び運営に関する基準」が示された．この基準は1997年に「公立博物館の設置及び運営上の望ましい基準」(以下「望ましい基準」という．)と改定されている(2003年6月6日文部科学省告示第113号)．

　「望ましい基準」の第3条第1項で「実物又は現象に関する資料」を「一次資料」

とし，一次資料の実物資料について「その収集若しくは保管が困難な場合，その展示のために教育的な配慮が必要な場合又はその館外貸出しが困難な場合には，必要に応じて，実物資料に係る模型，模造，模写又は複製の資料を収集又は製作するもの」(第2項) としている．さらに第3項で「一次資料に関する図書，文献，調査資料その他必要な資料」を「二次資料」としている．

博物館の登録審査基準

次に登録博物館の審査基準を見てみよう．1952年に文部省は社会教育局長通達として各都道府県教育委員会宛てに「博物館の登録審査基準要項」を示した．この要項では「一 博物館資料」の中で「資料は，実物であることを原則とすること」とし，「但し，事物を入手し難いようなときは，模写，模型，複製等でもよい」としている (第2項)．また資料の収集方法について「資料は，採集，購入，寄贈，製作，交換等によって収集されたものであること」という原則を示している (第3項)．そして「必要な図書，図表等を有すること」(第4項) として二次資料に該当する資料の所蔵を基準に盛り込んでいる．

博物館相当施設の指定審査

博物館相当施設の指定審査については1971年に文部省が社会教育局長通知として「博物館に相当する施設指定審査要項」を各都道府県教育委員会教育長宛に示している．この中で資料について「実物，標本，模型等と所蔵資料を有することを原則とする」としている[1]．

法規で規定された資料概念

こうしてみると法規では，「望ましい基準」を根拠に資料を3つに大別していると考えられる (図3-1)．まず実物又は現象に関する「一次資料」．次に一次資料のうち「実物に関する模型，模造，模写又は複製」である．法規ではこれらの模写，模型等の総称を示していないので，ここでは「実物の代替資料」と呼ぶことにする．そして3つ目は一次資料に関連する「二次資料」である．

この3つの概念に基づくと「望ましい基準」では，公立博物館は「一次資料」と「二次資料」を収集保管し，必要に応じて「実物の代替資料」を収集・製作することが望ましいと規定している．なお「望ましい基準」の取り扱いについて文部科学省生涯学習政策局長は，各都道府県教育委員会教育長あての通知 (2003年6月6日) で「私立博物館に関する指導又は助言に当たっても，必要に応じて参考のされるよう」依頼しており，公立博物館に限らず基準の内容は私立館にも期待されることと考えられる．

```
博物館法　第二条、第三条
博物館資料
    （館種）歴史、芸術、民俗、産業、自然科学等
    （形態）実物、標本、模写、模型、文献、図表、
          写真、フィルム、レコード等
```

```
公立博物館の設置及び運営上の望ましい基準　第3条
一次資料
    実物資料 ──── 実物資料に係る模型、模造、
    現象資料      模写又は複製の資料
二次資料
    一次資料に関する図書、文献、調査資料
    その他必要な資料
```

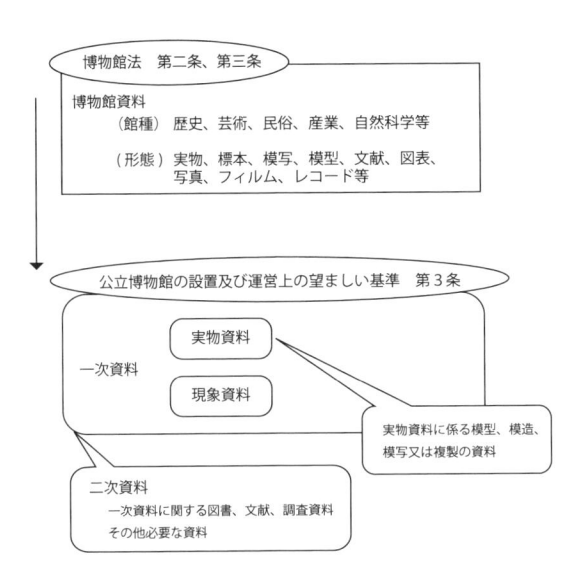

図3－1　現行法規上の資料概念．

　登録博物館の要件については資料は実物資料であることを原則とし，かつ二次資料の所蔵を求めている．博物館相当施設には「一次資料」と「実物の代替資料」の所蔵を求めており，「二次資料」の所蔵を基準としていないと解釈できる．

混乱する法規の解釈

二次資料の多様な解釈

　では法規上の分類はその後どう解釈されてきたのだろう．「博物館資料に関する議論はほとんど進展しておらず，ほぼ同じ用語を使いながら引用され，また内容的にも同じ資料を扱いながら，場合によっては別の資料を指して使用されていたことになる」と指摘され，「二次資料として扱われている博物館資料についての位置づけが特に曖昧である」(布谷, 2002) とされている．

　二次資料の位置づけが問題となる原因は現行法規の文言にある．現行法規は先に示したように二次資料を，「一次資料に関する図書，文献，調査資料その他必要な資料」としている．これを素直に受け止ればよいのだが，そうなってはいない．現行法規では一次資料を「実物又は現象に関する資料」としているが，そもそも実物資料とは何か，現象に関する資料とは何かを明確にしめしていない．また先にも指摘したとおり「一次資料のうち実物に関する模型，模造，

模写又は複製」の総称がない．つまり二次資料を規定する前提があいまいなのである．

こうした法規上の文言の不備のために，その後の博物館学の議論の中で二次資料はさまざまに解釈されるようになった．なかでも実物に関する模型，模造等ここで「実物の代替資料」と称した資料を「二次資料」に位置づける論者は少なくない．たとえば「実物資料を一次資料とした場合，展示や研究のために製作される模型・複製などの製作資料は，実物に類似しているが実物ではないという点から二次資料とされることに疑問はない」(有元，1999)という主張がある．また，公立博物館の設置及び運営上の望ましい基準で「二次資料」を「一次資料に関する図書，文献，調査資料その他必要な資料」としているとして，模型や模造などは「その他必要な資料」に包括される(内川，2004)という解釈もある．

こうした解釈は，おそらく「直接資料」「間接資料」という区分(鶴田，1956)に由来すると思われる．この区分によると実物，標本を「直接資料」とし，それ以外の模写，模型，図表，写真，記録，図書，刊行物等を「間接資料」としている．「直接資料」を「一次資料」，「間接資料」を「二次資料」に読み替えると，「実物の代替資料」(模型，模造又は複製)は「二次資料」と位置づけられる．

だが法規の条文解釈として「実物の代替資料」を二次資料とするのは妥当だろうか．条文を読めば第2項で「模型，模造，模写又は複製の資料」を規定しており，「二次資料」に言及するのは次の第3項である．法規の条文を構成する上で下位概念を先にだして後から上位概念をだすことは考えにくい．この場合「実物の代替資料」を「二次資料」とするならば，まず「二次資料」を定義してその中に「実物の代替資料」を位置づけ，さらに「実物の代替資料」の用途を述べるのが筋道だった説明となる．また条文第2項では模型，模造等の資料を「収集又は製作するものとする」とあるが，「二次資料」を規定した第3項では「二次資料」を「収集し，保管するものとする」としており「製作」が抜けている．「二次資料」に「実物の代替資料」を含むのなら「二次資料」を「収集又は製作し，保管するものとする」と表現しなければ厳密さに欠ける．

こうしてみると条文で「実物の代替資料」を「二次資料」と位置づけている，とは断言できないはずである．「実物の代替資料は一次資料に関係するもの」と考えることが素直な解釈ではないだろうか．控えめに言っても「実物の代替資料」は「一次資料」であるのか「二次資料」であるのか法規の条文上では明確ではない，と解釈するのが妥当であろう．

資料形態に引きずられる解釈

　二次資料の問題とならび，資料分類の解釈には資料の形態に左右されるという問題がある．たとえば「図書資料や音声・映像資料は二次資料と位置づけられてきた」(有元, 1999)という指摘がある．ここで指摘されているような図書や音声・映像資料を法規上の二次資料とするには2つの誤解があるように思う．1つは「図書資料」という資料形態をもって二次資料に位置づけていることである．条文では二次資料は「一次資料に関する図書，文献・・・」とされており「図書，文献＝二次資料」とはなっていない．あくまで一次資料との関係で規定されるものであって資料形態で規定されるのではない．

　2つ目の誤解は音声・映像資料を二次資料としている点である．法規をみても「音声・映像資料＝二次資料と」いう規定はない．むしろ現象に関して音声や映像で記録保存したものであれば「一次資料」の中の「現象に関する資料」になる．一方で実物に関連する資料としての音声・映像であれば「二次資料」となる．図書と同様に，法規では資料形態・媒体によって，資料分類を規定していない．

　図書や音声・映像が「実物」ではないという理由で二次資料とする解釈は，形態と情報を分離せず，形態に引きずられたことで生じる．形態ではなく情報を優先させて分類すれば問題は解消されるであろう．

資料分類に関する諸論

　このように法規によって分類された二次資料の解釈が一人歩きしている．こうした中で資料の定義・分類についてより本質的な議論には2つの流れがある．

1）分類の詳細化

　二次資料を中心に資料が多様化するなかで，資料の分類を精緻にすることで各々の資料の位置づけを明確にしようとする考え方がある．これは分類のツリーを細分化させ，精緻な分類を試みる方向となる．具体的には，加藤(1996)の論を継承した青木(1999)，内川(2004)らが資料分類を提案している．ここでは最新の内川の分類案(図3-2)をとりあげる．

　分類を詳細にしてあらゆる博物館資料を網羅する分類体系を作り上げる．このような作業は博物館学の研究として何らかの意味が見出せるのかもしれない．また個々の博物館は自館の資料の分類を考えるうえで，詳細な分類体系があれば参照することもあるだろう．

　しかし法規上の資料概念を規定する場合は，詳細な分類を採用することは適

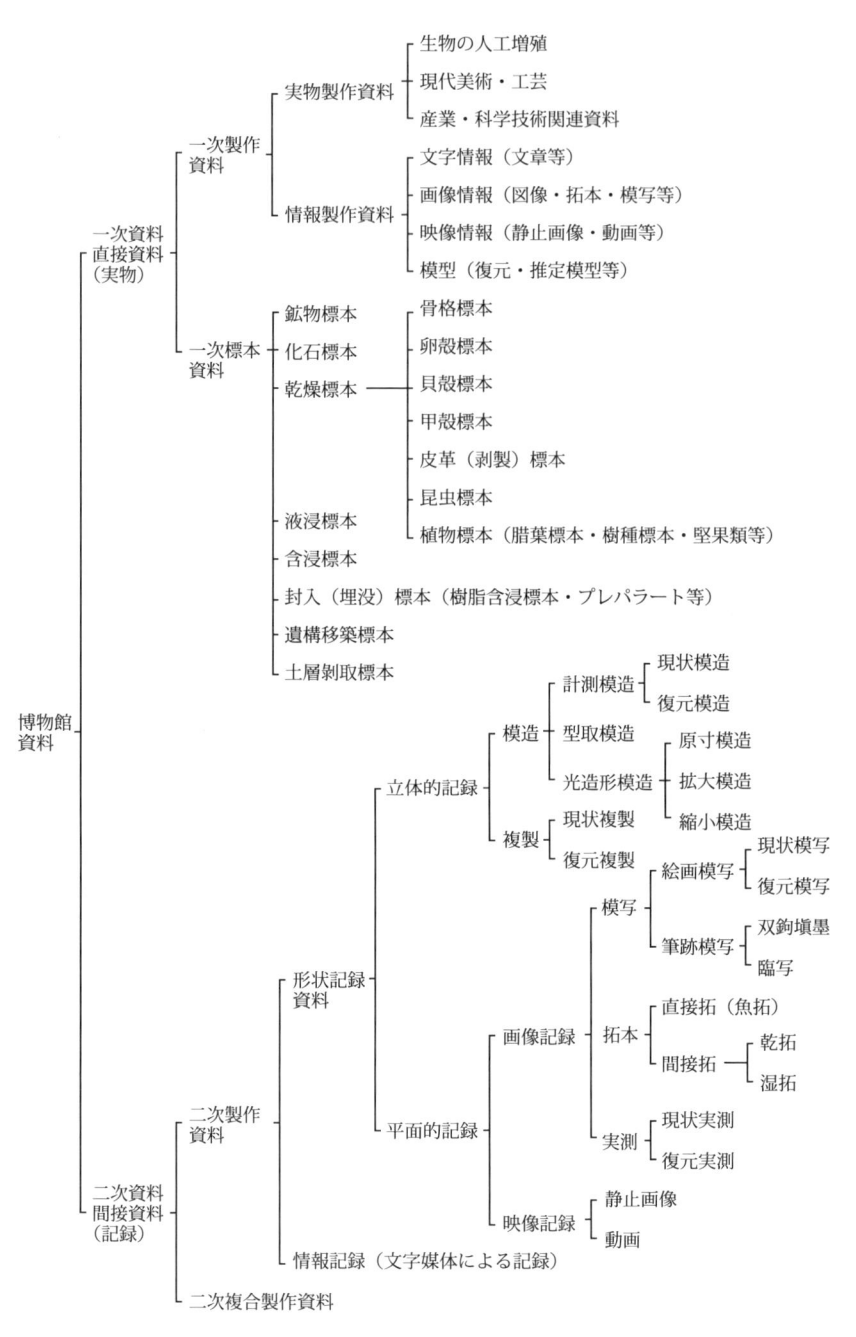

```
博物館資料
├─ 一次資料 直接資料（実物）
│   ├─ 一次製作資料
│   │   ├─ 実物製作資料
│   │   │   ├─ 生物の人工増殖
│   │   │   ├─ 現代美術・工芸
│   │   │   └─ 産業・科学技術関連資料
│   │   └─ 情報製作資料
│   │       ├─ 文字情報（文章等）
│   │       ├─ 画像情報（図像・拓本・模写等）
│   │       ├─ 映像情報（静止画像・動画等）
│   │       └─ 模型（復元・推定模型等）
│   └─ 一次標本資料
│       ├─ 鉱物標本
│       ├─ 化石標本
│       ├─ 乾燥標本
│       │   ├─ 骨格標本
│       │   ├─ 卵殻標本
│       │   ├─ 貝殻標本
│       │   ├─ 甲殻標本
│       │   ├─ 皮革（剥製）標本
│       │   ├─ 昆虫標本
│       │   └─ 植物標本（腊葉標本・樹種標本・堅果類等）
│       ├─ 液浸標本
│       ├─ 含浸標本
│       ├─ 封入（埋没）標本（樹脂含浸標本・プレパラート等）
│       ├─ 遺構移築標本
│       └─ 土層剥取標本
└─ 二次資料 間接資料（記録）
    ├─ 二次製作資料
    │   ├─ 形状記録資料
    │   │   ├─ 立体的記録
    │   │   │   ├─ 模造
    │   │   │   │   ├─ 計測模造 ─ 現状模造／復元模造
    │   │   │   │   ├─ 型取模造
    │   │   │   │   └─ 光造形模造 ─ 原寸模造／拡大模造／縮小模造
    │   │   │   └─ 複製
    │   │   │       ├─ 現状複製
    │   │   │       └─ 復元複製
    │   │   └─ 平面的記録
    │   │       ├─ 画像記録
    │   │       │   ├─ 模写
    │   │       │   │   ├─ 絵画模写 ─ 現状模写／復元模写
    │   │       │   │   └─ 筆跡模写 ─ 双鉤填墨／臨写
    │   │       │   └─ 拓本
    │   │       │       ├─ 直接拓（魚拓）
    │   │       │       └─ 間接拓 ─ 乾拓／湿拓
    │   │       ├─ 実測
    │   │       │   ├─ 現状実測
    │   │       │   └─ 復元実測
    │   │       └─ 映像記録
    │   │           ├─ 静止画像
    │   │           └─ 動画
    │   └─ 情報記録（文字媒体による記録）
    └─ 二次複合製作資料
```

図3－2　内川(2004)分類体系.

当ではない．1つに博物館法規は美術館，文学館，郷土館，科学館，動物園，水族館，植物園等，幅広い館種を網羅するからである．汎用性のある分類を施すとしたら，おのずと博物館資料の定義に関わる必要最小限の分類となるだろう．美術館で適用できても，動物園にはあてはまらない，ということでは困る．

2つ目に法規上の資料分類は，博物館登録審査等の実務に関わるため，関係当事者に誤解を与えないようにしなければならい．簡明で汎用性が求められる．博物館資料とは何かということを端的にあらわす必要最小限の分類が適しているといえよう．学問上の厳密さとは別の次元の実用性が求められるのである．

そして最後に広く博物館に関わる人たち，利用者や地域の人たちに誤解を招かず，理解しやすいものであることが求められる．社会の共有財産として「利用を前提とした資料」，「アクセス可能である資料」ということを考えると，わかりやすいといことが重要である．

2）情報としての博物館資料

近年博物館資料のもつ情報という視点で，資料分類を整理しなおす考え方がある．博物館が扱う情報こそが博物館のもっとも重要な収集対象であると提言したのは梅棹(1987)である．この考え方を基本として布谷と山本が論を進めている．

布谷(2002)は先に紹介したように二次資料の捉え方を検証する意義を唱えており，資料を情報の見え方により次の3種類の分け方を提示している．
- 資料がもつ情報の一部のみを利用することができて，現在はその他の情報は隠れた状態になっているような資料＝従来の一次資料(実物資料)
- その資料がもっている情報のほぼ全体が現在利用可能な資料＝二次資料(間接資料)
- 言葉のみ，あるいはまったく形をもっていない資料＝伝承等の無形資料(デキゴト資料，事象資料)

布谷の論は情報の見え方で分類することで，これまで形態にとらわれた分類を否定した．二次資料の解釈をめぐる曖昧さや分類を詳細にすることで陥る問題を克服しようとしたことに意義がある．

さらに山本(2003)は，布谷の論を進めて資料に内蔵する情報の見え方ではなく，情報の内容を解明・分類することによって資料分類の論理性を確立すべく論を展開している(図3-3)．山本は資料に関する価値判断はあくまで利用者によって決定されることとなり，一次資料・二次資料の資料分類段階の価値判断は求める必要がなくなるとしている(山本, 2003)．

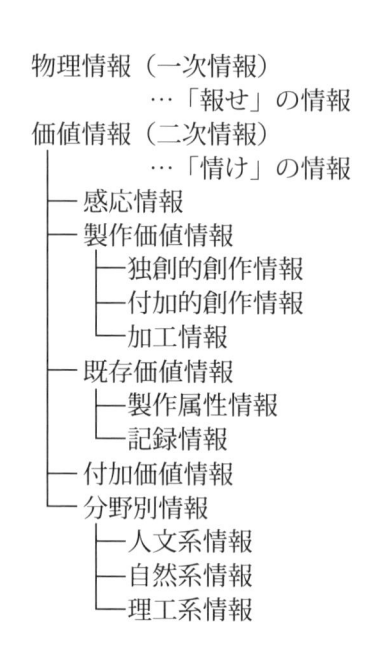

```
物理情報（一次情報）
        …「報せ」の情報
価値情報（二次情報）
        …「情け」の情報
 ├ 感応情報
 ├ 製作価値情報
 │  ├ 独創的創作情報
 │  ├ 付加的創作情報
 │  └ 加工情報
 ├ 既存価値情報
 │  ├ 製作属性情報
 │  └ 記録情報
 ├ 付加価値情報
 └ 分野別情報
    ├ 人文系情報
    ├ 自然系情報
    └ 理工系情報
```

図3－3　山本(2003)分類体系.

　布谷と山本により，資料分類について以下のような考え方が明らかになったといえよう．

- 形態より内在する情報によって分類する
  資料の形態に引きずられた資料分類の解釈を否定し，内在する情報によって分類するとした．このことによって，形態によって一次資料とすべきか二次資料とすべきか判断に迷うという問題を解決することができる．形態ではなく内在する情報で分類が決定される．
- 分類と価値判断の分離
  山本(2003)は「一次資料」「二次資料」の分類には「一級資料」「二級資料」のような価値判断が潜在的に含まれていたと指摘している．実物重視，一次資料中心という通念を反映したものであろう．そうではなく資料に内在する情報の在り方の有無で分類するのである．つまり分類区分それ自体に価値観を持ち込むのではなく，分類区分と価値判断を分離するのである．

資料概念の整理と分類の再定義

館の固有価値による相対的分類

　資料の形態と資料の分類を切り離し資料の分類自体に価値判断をもちこまない，としたら，法規上の資料分類をどう組み立てればよいのだろうか．ここでは所蔵館が自館の資料にどのような価値を見出しているか(資料に対する固有の価値)を分類の前提とする「相対的分類」を提案する．これまでの議論には，資料について普遍的で絶対的な分類があるという暗黙の前提があったように思われる．そうではなく個々の資料をどう位置づけるかは，館のもつ固有の価値観によって異なるのであり，このことを分類の前提にする．それにより分類項目(区分)の枠組みは定義され，その枠の中身に何を置くかは，館固有の価値観に委ねられるということになる．

　なぜ相対的分類を提案するのか．まず1つ目に布谷と山本が提唱した，資料の情報の「見え方」や「利用の可能な状態」を規定する主体を明確にするためである．ある資料がどの館でも普遍的に適用できるような分類とするのではなく，どの資料がどの分類に入るのかを決める主体を所蔵する博物館とすることによって，所蔵する館が個々の資料を容易に区分できることになる．このことで絶対的な分類という暗黙の前提から離れ，懸案とされた二次資料の規定という問題は解消する．

　2つ目に，博物館法規において，それぞれの館がもつ固有の価値観を尊重し，登録審査の際に都道府県教育委員会という公権力が，それぞれの館がもっている資料に対する価値観に干渉し，統制することを防ぐという意味がある．個々の館がそれぞれに掲げる使命によって，博物館の活動は多様である．個々の館の多様な価値観を尊重するということを前提に，法制度を構築するのであれば，資料概念の分類には，価値相対的な考え方をとり入れざるをえない．

　その反面，当然ながら個々の博物館において使命や価値観を，館の関係当事者が了解したうえで明らかにし，自館における資料の位置づけを明確にする必要がある．

法規上の資料概念の定義と分類

　それでは，「館の固有価値による分類」という考え方に基づき，法規上の資料概念をどう定義・分類すればよいのだろう．

　具体的な提案に入る前に，まず法規上の資料概念を定義・分類する際に必要な条件を挙げてみる．

　・明確に分類でき，誤解が生じないこと

いうまでもないがどの資料がどこに入るのか明確でなければ分類として役に立たない．誤解が生じないような用語を選び，その内容を定義する必要がある．
・現在，博物館が収集・保管している資料を包括的に表現でき，かつ新たな資料概念に対応できること．

資料概念の広がりについて古い町並みや産業遺産，歴史的建造物群など環境としての資料を視野に入れる必要がある．エコ・ミュージアムの実践や，「重要文化的景観」が文化財に位置づけられた(2005年4月1日の文化財保護法の改正による)ことを鑑みると，資料範囲の拡大に対応した分類が求められる．

次に資料の概念が広がる要素として，複製技術の発展が想定できる．新たな装置や媒体により資料の記録や再現がより高度になることが考えられる．新たな装置や媒体が現れるたびに分類が修正，追加されるようでは法規としての運用に適さない．汎用性のある分類が必要となる．
・博物館の実務や登録審査事務等に用いやすく実用性をもつこと

これは先に指摘したように登録事務を担当する都道府県教育委員会の職員や関係者が容易に理解でき，問題なく運用できなければならない．

これら3つの条件にあてはまる資料概念を構築するためには，じつは現在の法規上の分類を大きく変える必要はない．分類の前提となる考え方を明確にして，用語を差し替えれば事はたりると考える．

・現行法規の用語を変更し関係を明確にすれば，現在生じている誤解や混乱を解消できること
・現行法規を基本としても現行の資料をカバーできるほか，新たな種類の資料に対応できること
・現行法規が示している資料の4つの大きな分類には実用性があり，これ以上詳細な分類にすると運用の際に煩雑になり，実務に支障をきたす恐れがあること．
・1973年に「公立博物館の設置及び運営上の基準」が告示されて34年がすぎ，議論と運用の蓄積が一定程度あり根本的な変更は混乱が大きいと予想されること．

つまり現行法規による規定をより精密にすれば，今後も適応可能であるということである．

現行資料分類の修正案

現行の資料概念を基本に資料分類の修正案を示す(図3-4)．まず一次資料を「固有資料」と呼ぶこととして，固有資料の下位に「有形資料」と「無形資料」を大別し，有形資料を「実物資料」と「代替資料」に分けるという案である．

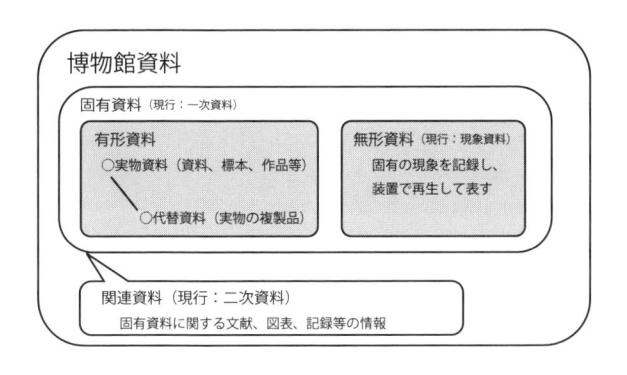

```
┌─────────────────────────────────────────────────────┐
│ 博物館資料                                              │
│ ┌─────────────────────────────────────────────────┐ │
│ │ 固有資料 (現行：一次資料)                              │ │
│ │ ┌──────────────────────┬──────────────────────┐ │ │
│ │ │ 有形資料              │ 無形資料 (現行：現象資料) │ │ │
│ │ │ ○実物資料(資料、標本、作品等)│ 固有の現象を記録し、   │ │ │
│ │ │                      │ 装置で再生して表す      │ │ │
│ │ │ ○代替資料(実物の複製品) │                      │ │ │
│ │ └──────────────────────┴──────────────────────┘ │ │
│ └─────────────────────────────────────────────────┘ │
│ ┌─────────────────────────────────────────────────┐ │
│ │ 関連資料 (現行：二次資料)                              │ │
│ │   固有資料に関する文献、図表、記録等の情報                │ │
│ └─────────────────────────────────────────────────┘ │
└─────────────────────────────────────────────────────┘
```

図3−4 新たな資料分類の提案.

固有資料

　法規で一次資料とした資料を「固有資料」と言い換えることにする．一次，二次という表現は抽象的で，何を一次とし，何を二次とするか，この用語だけでは読みとれない．そのためさまざまな解釈を生む原因となっている．また図書館でいう一次資料(＝文献そのもの)と二次資料(＝目録，索引，書誌等の文献情報を記載したもの)の概念とも異なり混乱を招くため，一次，二次という表現は採用しない．

　「固有」という名称を用いる理由は，先に述べたように個々の資料をどう位置づけるかは館固有の価値観により，それぞれの博物館にとって固有の価値を有するために収集・保管し，公開するからである．いうまでもなくその館がどのような資料に「固有の価値」を置くかは，館の使命から導きだされる．

有形資料

「形のある資料」という意味で「有形資料」とする．形があれば，いわゆる「本物(オリジナル)」も，「本物」の代わりに製作された広い意味での「複製」も問わないこととする．

　博物館法規で例示された「実物，標本，模写，模型，文献，図表，写真，フィルム，レコード」はすべて有形資料に含まれる．また形があるということを条件とし，街並みや景観，環境そのものを含め大きさを問わない．

1）実物資料

「実物資料」は，「標本」「作品」とも表現される資料である．国際博物館会議(ICOM)の博物館の定義を参考に「実物資料」を定義すると「人間とその環境に関する物的証拠で，有形のもの」となる．「唯一の資料」いわゆる「本物(オ

リジナル)」は,実物資料の中に含まれるが,必ずしも「実物」＝「唯一のもの,本物,オリジナル」とはならない.「実物」の中には広い意味での複製品を含むからである.

　たとえば,現物(本物)が失われ,資料の「写し」しか現存しない場合がある.よく引き合いにだされるのが王義之の『蘭亭集序』である.原本は伝わっていないが最古の模本は希少性があり,中国の国宝級の芸術作品であり歴史資料でもある.その資料は厳密にいえば「本物＝オリジナル」ではないが,「本物」が現存しないとなれば限りなく「本物」に近い第一級の価値がある.

　また資料の性質上模型として表現せざるを得ない場合もある.たとえば建築物である.現存しない建造物は模型で再現することや,高層ビルや天守閣など比較検証するためには模型を制作することがある.このような場合,模型という実物を模した資料だからといって,その博物館にとっての価値が低いということにはならない.

　さらに本物(オリジナル)を所蔵せず,複製や模造を収集・製作し集積することで1つの価値観を提示する館もあるだろう.たとえば東西の有名絵画を陶板で製作して展覧する美術館がある.これは本物＝実物ではないが館がこのような技法で表現することに固有の価値を見出している.このような技法に対して「オリジナルではないから悪い」といった価値判断もあるだろうが,法規上の分類には「オリジナル＝善」という価値判断をもちこまないということである.

2) 代替資料

「望ましい基準」で「実物に関する模型,模造,模写又は複製」とされた資料に「代替資料」という総称を与える.ここでいう「代替」は「実物資料を代替する」という意味である.「オリジナル」に対する「コピー」,あるいは「リプロダクション(広い意味での複製資料)」や,実物の模型も含む.実物資料の保存や活用を考えた場合,必要となってくる資料である.

「代替資料」という用語は耳慣れないかもしれない.この用語を採用したのは,「実物の模倣」という消極的意味ではなく,実物資料とは別に博物館にとって一定の役割を果たす資料という意味を強調するためである.英語の alternative には「もう1つの選択肢」という語義がある.この積極性を念頭に置いた.

　また「複製資料」という用語を避けたのは,先述したように,模写や模型等の複製品も,館の価値の置き方で「実物資料」となるため,用語が混乱するからである.

　実物資料と代替資料の関係で重要なのは,何が代替資料となるかは実物との関係で決まるということである.再三指摘しているが資料の形態で決まるので

はない．

　たとえば「模型」を考えてみよう．ある航空博物館がゼロ戦の実物を所蔵しているとする．そのゼロ戦を縮尺模型にして他の戦闘機と比較するために展示していたとすると，その航空博物館にとってゼロ戦の縮尺模型は展示効果を高めるための実物に対する「代替資料」と位置づけられる．ところが，航空機のプラモデルを集める博物館があったとして，その博物館はゼロ戦の模型は，プラモデルという固有の価値をもつ商品の実物資料(有形資料)と位置づけることができる．

　このように「模型」という形態のみで，「実物資料」か「代替資料」なのか判断することはできない．形態による絶対的な分類は不可能なのである．館の使命から導き出される資料に対する価値の置き方(固有価値の見出し方)によって，どの資料を実物資料とするか，どの資料を実物資料の代替資料とするのか決めるのである．

無形資料

　そのもの自体は形のないものではあるが価値を有する事象・現象がある．それを人間が見聞きするためには記録媒体や装置に頼る必要がある．「モノ」との対比でいわゆる「コト」「デキゴト」と呼ばれるのが無形資料である．口承伝承や民俗芸能，職人技などの無形文化遺産については国内では民俗学の調査や文化庁の指定無形文化財などの取り組みがある．国際的にもユネスコやICOMが無形文化遺産の保護継承するよう提言しており，博物館の役割が期待されている(布谷, 2002)．歴史系博物館では映像資料としてこれらの記録保存に従事する館は少なくない．

　また科学原理や物理現象，天体の動きなどの現象に関しては，すでに科学館やプラネタリウムで製作・公開されている．プラネタリウムが博物館の一種に位置づけられているのは，天文現象という固有の価値のある無形資料を製作，収集し，公開しているからである．

　「有形・無形」という分類と用語は，国内外でも普及していると思われる．国内では文化庁による文化財の分類に「有形文化財」「無形文化財」の区分があるのは周知のことである．国際的にみても，国際博物館会議(ICOM)の博物館の定義(2001年改訂)，倫理規程(2004年改訂)の博物館の定義で「有形文化遺産 tangible cultural heritage」，「無形文化遺産 intangible cultural heritage」と表現することが一般的なようだ．

関連資料

　法規上の「二次資料」を「関連資料」という名称に変更する．厳密に表現すれば「固有資料の関連資料」であり，「固有資料に関する情報」という意味である．端的には法規で規定される「二次資料」と同じように，ある固有資料に関する記録や写真，参考文献，図表パネル等である．近年ではデジタル化されたデータも含まれる．「モノ」に対して研究報告書や学術図書を「情報」と位置づけている分類(千地,1978)があるが，それと同様の考え方である．
　「関連資料」はあくまで固有資料との関係において規定される．形態は問わない．同じ「図書」であっても，ある実物資料に関する参考文献であれば「関連資料」となり，図書そのものに館が「固有の価値」を認めれば「固有資料」の「実物資料」と位置づけられる．
　たとえば近代文学を扱う文学館が，夏目漱石の代表作である『坊ちゃん』の文庫本を「関連資料」として所蔵し，利用者の閲覧に供することもあるだろう．その一方である現代作家を扱う記念館が，その作家が愛蔵し作家の書き込みがある『坊ちゃん』の文庫本を所蔵していたとする．先の『坊ちゃん』と同様の形態の文庫本であっても，その記念館にとって固有価値のある「実物資料」に位置づけられる．
　博物館法の条文にある「図表」や「写真」につても同様である．固有資料に関連する情報としての「図表」や固有資料の記録写真であれば「関連資料」となる．「図表」や「写真」そのものに固有の価値がある場合(たとえば大正時代の生活改善運動の啓発用の図表，江戸末期の武士を撮影した古写真)なら固有資料の実物資料となる．

法規上の表現

　これまで提案した資料の定義と分類をどのように法規に反映させるか，試案として別表のとおり整理した(表3-1)．
　まず博物館法で固有資料と関連資料を保有することを博物館事業として明確に位置づけ，博物館たることの基礎的な要件とする．つまり博物館とは有形資料または現象資料の「固有資料」をもつことが必須となる．そして必要に応じ固有資料に位置づけた代替資料と固有資料の関連資料を有する機関ということになる．
　次に「公立博物館の設置及び運営上の望ましい基準」についてであるが，博物館法第八条の趣旨に基づき「公立」に限定せず「博物館の設置及び運営上の望ましい基準」に改めるべきであろう．そのうえで博物館の望ましい基準では，固有資料のうち実物資料または無形資料の所蔵を基本的な条件とし必要

に応じた代替資料と関連資料の保有も明示する．
　ここで提案したように法規の資料の定義と分類を見直すことになれば，問われるのはそれぞれの博物館の姿勢である．自館の使命に基づき館としての資料の捉え方を明確にすることが求められる．何を固有資料とし，何を関連資料とするのか．何を実物資料とし，何を代替資料として整備するのか明らかに説明

表3－1　現行法と改正案の対比表．

	現行	改正案
博物館法第3条	一　実物，標本，模写，模型，文献，図表，写真，フィルム，レコード等の博物館資料を豊富に収集し，保管し，及び展示すること．	一　有形の又は無形の資料及び有形資料のうち実物の模写，模型，複製等の代替資料（以下，代替資料を含む有形資料及び無形資料を「固有資料」という．）を豊富に収集又は製作し，保管し，及び展示・公開すること． 二　固有資料に関する文献，調査資料その他必要な資料（以下「関連資料」という．）を収集し，保管，活用すること
登録基準要項	「一　博物館資料 2　資料は，実物であることを原則とすること．但し，実物を入手し難いようなときは，模写，模型，複製等でもよいこと．」	
公立博物館の設置及び運営上の望ましい基準	第3条　博物館は，実物又は現象に関する資料（以下「一次資料」という．）について，当該資料に関する学問分野，地域における当該資料の所在状況及び当該資料の展示上の効果を考慮して，必要な数を収集し，保管（育成を含む．以下同じ．）し，及び展示するものとする． 2　博物館は，実物資料について，その収集若しく保管が困難な場合には，必要に応じて，実物資料に係る模型，模造，模写又は複製の資料を収集又は製作するものとする． 3　博物館は，一次資料のほか，一次資料に関する図書，文献，調査資料その他必要な資料（以下「二次資料」という．）を収集し，保管するものとする． 4　博物館は，一次資料の所在等の調査研究を行い，その収集及び保管（現地保存を含む．）に努めるとともに，資料の補修及び更新，新しい模型の製作等により所蔵資料の整備及び充実に努めるものとする．	※公立に限定しない「**博物館の設置及び運営上の望ましい基準**」とする 第3条　博物館は，有形の又は無形の資料（以下，「固有資料」という）について，当該資料に関する学問分野，地域における当該資料の所在状況及び当該資料の展示上の効果を考慮して，必要な数を収集又は製作し，保管（育成を含む．以下同じ．）し，及び展示するものとする． 2　博物館は，必要に応じて実物資料の代替資料を収集又は製作するものとする． 3　博物館は，固有資料のほか，固有資料に関する図書，文献，調査資料その他必要な資料（以下「関連資料」という．）を収集し，保管するものとする． 4　博物館は，固有資料の所在等の調査研究を行い，その収集及び保管（現地保存を含む．）に努めるとともに，資料の補修及び更新，新しい代替資料の製作等により所蔵資料の整備及び充実に努めるものとする．

できるようにしなければならない．

今後の課題

　この章では，資料の定義と分類について国内の議論を取りあげるにとどまり，海外まで広げなかった．はたして海外の規程や博物館学などでは資料をどのように定義・分類しているのか．「一次資料」や「二次資料」などをめぐって議論されているのだろうか．

　鶴田 (1991) は「日本の国内だけにしか通用しないような『日本博物館学』から一刻も早く脱出して欲しい」と後学を叱咤激励している．この言葉を受け止めて，海外の論考まで目を配り，今回示した試案が妥当であるかを検証して汎用性を高めることが次の課題となる．

注

1）登録審査事務及び博物館相当施設の指定審査は，1999（平成 11）年の地方自治法改正で，機関委任事務が廃止されたため，自治事務となった．そのため都道府県の裁量で決定でき，通達に従う必要はない．

　しかし，これらの要項を従前どおり登録審査や相当施設の指定の基準として用いることが少なくない．文部科学省が 2007 年におこなった調査によると，約 6 割以上の都道府県教育委員会が，要項や通達を参考にしている（これからの博物館の在り方に関する検討協力者会議, 2007）．

参考文献

青木 豊 1999. 博物館資料の分類. 加藤他（編）博物館資料論. 雄山閣 東京. pp 13-104.

有元修一 1999. 博物館資料とはなにか. 有元修一（編）博物館資料論　博物館学シリーズ 2. 樹村房 東京. pp 1-11.

INAX ギャラリー企画委員会 2006. レプリカ. INAX 出版 東京. 72pp.

内川隆志 2004. 博物館資料の分類. 博物館資料の修復と製作. 雄山閣 東京. pp 21-36.

加藤有次 1996. 博物館資料論. 博物館学総論. 雄山閣 東京. pp 167-185.

倉田公裕（監修）1996. 博物館学事典. 東京堂出版 東京. 491pp.

これからの博物館の在り方に関する検討協力者会議 2007. 新しい時代の博物館制度の在り方について. 文部科学省 東京. pp 6-11.

千地万造 1978. 博物館資料とその収集. 千地万造（編）調査研究と資料の収集　博物館学講座 5. 雄山閣 東京. pp 53-56.

鶴田総一郎 1956. 博物館の目的. 日本博物館協会（編）博物館学入門. 理想社 東京. pp 34-35.（1991 伊藤寿朗（監修）. 博物館基本文献集 別巻. 大空社所収による）．

鶴田総一郎 1991.『博物館学入門』の「博物館学総論」篇を執筆した経緯. 伊藤寿朗（監修）. 博物館基本文献集 別巻』. 大空社 東京. pp 125-126.

日本博物館協会 2004. 資料取り扱いの手引き. 東京.

布谷知夫 2002. 博物館資料としての情報. 博物館学雑誌 27(1) pp 1-1.（再掲　2005 布谷知夫. 博物館の理念と運営　利用者主体の博物館学. 雄山閣 東京. pp 135-154.）

山本哲也 2003. 博物館資料情報論（試論）. 博物館学雑誌 8(2) pp 23-31.

第II部 資料の保存と利用法

第4章　失われゆく資料の保存と利用法
―開発や採掘によって失われる地層を例にして―

里口保文

　この章では野外資料の保存と利用について，地質資料を例にして検討した．野外にある地質資料の保存については，保存されるそれらのものを「野外情報の切りとり」との立場から，4つの方法に区分してその特徴や利点と，博物館における実現の可能性について議論した．その結果，これらの方法はそれによって保存する実現性と，保存された資料がもつ情報量の多さとが負の相関があることを示した．

　さらに，もっとも実現性の高い方法をおこなううえでの問題点について論じた．その結果，問題はあるものの，この方法によれば，1ヵ所では少ない情報であるが，多くの人々が収集に関わる環境を作ることで，広い範囲で見れば多くの情報を収集可能とすること，また，その活動が他の博物館活動にも良い効果をもたらすと結論した．

　この議論は，「モノ」資料として保管が難しい自然や文化を保存する活動の例としても応用できる．

博物館が保存する野外にある資料

　地域の自然や文化は，ゆっくりとまたはある時突然におこる事件によって変化していく．その変化によって以前にあったものの多くは失われていくが，一部は化石や遺物などの形で自然の中に残される．それを人力によって残そうとするのは，収集・保存といった博物館がもっている主要な役割の1つである．この場合，自然によって偶然に残されたものも収集する対象となっているが，それらすべては地域にある「自然や文化の切りとってきた「モノ」である」と考えることもできる．もちろん，化石や遺物，生物標本，文化財，その他さまざまな「モノ」は，単独で資料としての意味を成しているが，それらが地域の自然や文化の中で培われてきた全体を構成する「何か」であるとするならば，前述したように全体を構成する一部分の切りとと考えられる．そのような立場に立てば「博物館が保存できる「モノ」」とは「地域の切りとり」といえる．

　国際博物館会議（ICOM）の初代ディレクターであったジュルジュ・アンリ・リヴィエールは，ある地域の自然・社会環境の発達過程を歴史的に探求し，現地に

おいて保存・育成・展示することを通して，地域社会の発展に寄与することを目的とするエコ・ミュージアムを提唱した(新井，1997など)．この考え方は，博物館で保存対象となる「モノ」の考え方の枠を広げたといえよう．エコ・ミュージアムが博物館活動をおこなううえで，ある区域を保存していることは，変化の少ない区域をもっているということである．それを保存区域よりももっと広い範囲で見た場合，その区域はより広い地域から切りとって保存していると考えることができる．このような視点に立てば，それらは人力による移動はないものの，元あった状態の一部を切りとって保存しているといえる．また，"地域まるごと博物館"[1)]という考えは，変化し続けるさまを展示している博物館とみることができるが，変化した後にはそれ以前の状態を知るすべがないため，変化しない「モノ」を収集・保管する「館」で保管することになる．このような「館」は，地域の核となる博物館のことと言える．

　梅棹(1987)は「さまざまな情報こそが博物館のもっとも重要な収集の対象である」として，博物館は「博情報館」であると述べている．このような立場にたった場合，地域そのものが博物館と考える博物館が収集・保管するものは「地域情報の切りとり」といえるであろう．ここでいう地域情報がどういうものであるかは，その博物館のテーマとも関係するが，地域の自然や文化が対象となるならば，その風景や「モノ」に収まらない文化なども対象となる．それら切りとる情報はより多いことが望ましいが，地域一帯を切りとり，現地においてそのままの状態を保存することは，多くの場合は困難である．研究などによる利用を考えれば，保存する情報は，まだ見いだされていない情報の抽出が期待される「モノ」であることが望ましいが，すべてを保存するには，現在のじゅうぶんが未来にもじゅうぶんであるとはいえない．また，博物館の事情を考えると，人的にも予算的にも，収蔵空間的にも難しく，さらには切りとる対象が「モノ」ではないものもあるため，変化していく自然や文化全体をどのように情報として切りとれば，博物館として保存できるのかについては議論が必要である．

　この章では，開発や採掘によって失われる地層を例にとって，野外資料の保存について考える．野外にある地層は，その規模が大きすぎるためにそれら全部を博物館に収集することはできない，人間活動によって失われていく「モノ」である．したがって変化していく自然や文化全体をどのように情報として切りとるかを考えるための例として適切であると思われる．以下では，地層を例にした野外資料の収集，保存とそれらの利用について述べる．

失われる地層

　地球環境の変化やその歴史の解明には，過去に起こった出来事によって生成

された「モノ」が研究対象となる．その生成物とは，私たちの生息場所の地盤を作っている地層や岩石であり，そこに含まれる化石や鉱物なども対象となる．これらの「モノ」が標本として保管されるのは，希少性との関連もあるが，それ単体のみでも資料としてじゅうぶんな研究情報を備えており，後の研究等に利用可能であるからともいえる．たとえば化石や鉱物については，それぞれの標本が単体の「モノ」として完結した資料である（図4-1）．岩石標本については，ある一様ではない空間的な広がりをもつ岩体の代表する部分を一塊りないし複数の塊として採取したものであり，採取した塊は岩体の一部の切りとりではあるが，全体を代表した「モノ」としての情報価値をもっている．

　化石の入れ物である地層は，その地層の形成時期を示すいがいに，どのような場所でどのような過程を経て形成されたかなど過去の環境を知るうえで多くの情報を含んでいる．このような地層から抽出される情報は，1960年代以降の堆積学の急速な進展（岡田，2002）などによりその量が格段に増え，地層そのものの重要性はより増している．一方で，地層は化石のように一塊りだけで完結した「モノ」ではなく，広範囲で一様ではない広がりをもつため，標本として採取・保存することが難しいという特徴がある．従来の地層に対する資料的な考えは，野外にいつでもあるものなので，標本として採取・保存しなくても野外（地域）に保存されているので，いつでも再調査ができるという安心感があったと思われる．

　しかし，このような安心感は現在ではほとんどなくなってきている．とくに，地球の表層部を構成する比較的新しい地層については，その多くが人工的に削られて露出した地層の崖であり，すぐに消滅してしまうことが多い（日本第四紀学会第四紀露頭集編集委員会，1996）のみならず，人間活動がより活発になると，開発や採掘などによって完全に消滅することもある．この問題については，日本第四紀学会第四紀露頭集編集委員会（1996）による露頭集の発行や，京都府企画環境部企画環境課（2002）のレッドデータブック（地形・地質・自然

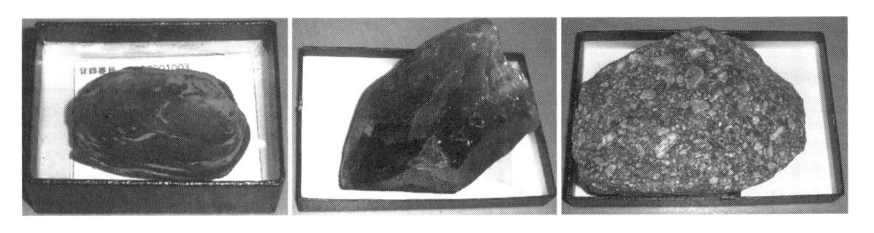

図4-1　博物館の地学資料として一般的にイメージが強い標本．左から，化石，鉱物，岩石標本．これらはそれぞれ単体でも資料として完結するものであるが，野外資料の切りとりと見ることもできる．なお，それぞれの標本の大きさの比率は写真と一致していない．

生態系)の作成,日本地質学会大会の夜間小集会での議論(佐藤, 2001)など,最近になって地層をなんらかの形で残そうとする活動や議論がおこなわれている．その一方で誰がどのようにして地層を保存するのかについての方向性が定まっていない．

そのような状況にありながら，工事などで消滅する小規模な分布の地層は，地域性が強いことからも，その地域にとってはその過去の環境や環境変遷史を考えるうえで重要な情報をもっている．このことは，地層が研究者にとって必要というだけでなく，地域住民にとって地域の成り立ちを知ることが自然災害の学習や環境学習へもつながるため，学校やその他の場で教材としても重要である．

地層保存の可能性

まずはじめに，地層を何らかの形で後世に残すための方法を4つに分けて議論をおこなう．その4つとは，地域一帯または露頭をそのまま保存する(方法①)，地層そのものの一部を切りとった標本を保存する(方法②)，地層の消滅と同時進行的に可能な限り多くの情報を収集し保存する(方法③)，地層の消滅時に簡素でも可能な限りの情報を収集し保存する(方法④)，である(表4-1)．これらは実物としての地層のみならず，そこに存在していたものの内容を示す情報までを検討の範囲に入れている．なぜなら先に述べたように博物館に保存するものとは，野外の一部を切りとったものであるが，記載や分析によって得られる野外情報は野外にある「モノ」から抽出してきた「情報」というものという意味で，「モノ」資料と同様に，「全体からの切りとり」と考えることができるためである．「モノ」から情報までを同列に扱うことは，野外にある地層には

表4-1 地層情報保存のための4つの方法．

方法	情報量	予算	人的資源	実現性
地域一帯または露頭をそのまま保存する	最大	土地の買いとりをするなら高価	保存後の利用が必要	地域の人々や自治体などに理解をえる必要があり，かなり難しい
地層そのものの一部を切り取った標本を保存する	大きい	方法によってはかなり高価．安価に行うことも可能．	方法によっては多くの人が必要．	小規模に行うには問題が少ない．多くの資料を残すためには，予算がかかる．収蔵空間に余裕が必要．
地層の消滅と同時進行的に可能な限りの情報を収集し保存する	大きい	大規模に調査するには予算がかかる．	一時的に多くの研究者を必要とする．	よほど重要な地層や標本がある場合には行われるが，通常は少ない．
地層の消滅時に簡素でも可能な限りの情報を収集し保存する	小さい	少ない	個人でもできる	多くの人に関わってもらうことなどで，収集できる情報量を増やすなどの展開も可能

まだ見いだされていない多くの情報を保有しているが，そこから部分的に小さく切りとっていくにしたがって，そこから得られる情報量の期待値が少なくなっていると言い換えられる．そのような視点からは，前述した4つの方法は，情報量の多いものから小さいものへの4つの段階を示しているともいえる．

方法①地域一帯または露頭をそのまま保存する
　削剥(さくはく)を抑止するには多くの場合，国や地域の天然記念物に指定されるなどによる保存，たとえば三重県飯高町の「中央構造線最大の露頭，月出露頭の保全」などがあり(桂，2004)，文化的または学術的・教育的に重要なものを国や地域が，ある地点や地域を指定しておこなわれる．これらは地層の全体や一部をそのままの状態，つまり野外において保存することができ，もっとも多くの情報を保存していると見なすことができる．

　こういった野外保存の例の中で特筆する事例は，阪神・淡路大震災の記録としてつくられた「野島断層保存館(北淡町震災記念公園)」があげられる(図4-2)．この保存館では，兵庫県南部地震をおこした野島断層の地表露出部を風雨に耐えうるように，ドーム状の建物を建てて保存したもので，地中にある地層の断面を見るための深い溝(トレンチ)が掘られることで，地下にある断層の断面を見ることができる．また，野島断層は国指定の天然記念物にもなっている．これは，断層が見られる地層を博物館相当施設の建設によって保存した例である．ただし，野島断層の保存は地質学の学問的・教育的な側面としてよりは，震災の記憶を残すことに主要な役割があると思われる．これはこの保存館が北淡町震災記念公園という公園にあり，保存館に隣接する断層によって被害を受けた民家をメモリアルハウスとして保存していることからも理解される．

　この方法による保存は多くの場合，市民や研究者が保存を求めて行政側が

図4-2　露頭を現地で保存した例．野島断層保存館．断層が国指定の天然記念物となり，周りに建物を建てて保存・公開している．これは，震災の記憶の保存という側面があり，露頭保存の例としては特殊なものと考えられる．

現地で保存する処置をとることでおこなわれる．しかし野島断層保存館のような例はひじょうにまれである．保存館などが建設されなければ，通常は野外において保存される．保存指定のみに終わるか重要性を説明する看板を立てるといった程度で忘れられ，風化などによって保存状態が悪くなる例もある（佐藤，2001）．このことは，一時的な保存活動だけでは，実際の保存に結びつかないことを示している．

　次にこのような建築物を伴わない露頭保存の方法の１つとして，崖の一部をコンクリート枠で囲い，その枠内の露頭を観察可能な状態で保存した例がある（大木，2002）．これは道路工事などの場合に，地層の一部を保存する方法で，その重要性を自治体などが理解して協力を得ることができれば，多くの場所で観察可能な地層を保存できる．ただしこの方法には，工事をおこなう前段階で，そのための計画が必要であり，一部のみの保存処理であるために，露頭を削るなどの利用は難しいといえよう．その場合，露頭が新鮮な状態で保つ必要性の問題が残る．このような問題については，千葉県の例（大木ほか，2003）や滋賀県の例（片岡・中条，2005）などが解決の方向を示している．これらはいずれもその保存について，博物館学芸員が協議に加わるなどの何らかの関わりをもち，保存対象が博物館施設の敷地内にあることで管理する必要があるが，もっとも重要な点はこれらの露頭を見学会や博物館活動の場で利用していることである．つねに，観察者がいることによって，その露頭は削られたりしながら形態は若干変化させられるものの，その状態が良好な状態に保たれる．また，露頭の変化に気づくため，先に述べた野外における保存のマイナス面を補う側面をもっている．このことは問題解決の方向を示しているのみならず，野外における露頭保存には，それを利用する環境が重要であることを示している．つまり言い換えれば，野外における保存には教育や観光などさまざまな形でそれを利用することが重要な要素といえる．

方法②地層そのものの一部を切りとった標本を保存する

　ボーリングやはぎとり，ブロックサンプルなどの方法によって，地層の一部分を切りとった実物標本として採取・保存される．これから得られる情報量は現地保存に比べると少ないが，切りとる形で博物館内に保管できるため，野外にあるよりも管理が容易であり，実物として地層を保存するため野外の地層と近い状態で保存している資料といえよう．

　ボーリングは地下にある地層や岩石を掘っていく作業のことで，その作業で得られる地層や岩石の試料のことをボーリングコア（図4-3a）という．通常のボーリングは細長い円筒状に掘るため，得られるボーリングコアも円筒形をしており，

地下の地層や岩石を知るうえで重要な情報を提供する．ボーリングコアの利点は，ある地点で地層を連続的に採取するのであるが，コアの直径分の体積をもつために，分析試料として保存できる点にある．堆積物の実物試料は，珪藻や花粉など肉眼では見えない化石などを多く含んでいるため，将来的に分析試料として使用することが可能である．開発などにより失われる地層についておこなわれたボーリングの報告はないが，学術的または震災調査によっておこなわれたボーリングについての報告は多くあり，またボーリングコアの保管や重要性についてはこれまでにも多く述べられている (田中，1988 など)．ボーリングコアの保存は博物館でもおこなっており (加藤・小林，1997；烏丸地区深層ボーリング調査団，1999 など)，琵琶湖博物館やみなくち子どもの森自然館などで展示がおこなわれている．

　はぎとり標本 (図 4-3b) は，簡単にいうと接着剤と布で地層をはがしとることで得られる標本であり，実際の地層の一部を切りとった実物標本といえる．また，ボーリングコアとは違って，地層のある一定の広がりを認識でき，ホームセンターなどで購入できるスプレー式の接着剤を使った戸倉 (1996) の方法によれば比較的簡便に採取できることも利点としてあげられる．鈴木 (2000) は現生河川堆積物の堆積学的研究をおこなううえで，堆積構造を見やすくするために，戸倉 (1996) の方法によって採取した．それらは琵琶湖博物館の堆積物標本として登録・収蔵 (LBM-0340000001 ほか) されており，利用可能な状態で保管されている．はぎとり標本は，露頭表面を採取したものであるため，分析試料をそこから採取することができない．露頭の保存として採取されたはぎとり標本の例として，高橋・野村 (1999) がある．高橋・野村 (1999) は，「県営ふるさと能

図 4－3 a)　ボーリングコア．地層を積み重なり方向に採取したもので，資料を使った分析が可能だが，地層の広がりを認識できない．採取には費用がかかる．写真は琵琶湖博物館が保存する烏丸地区深層ボーリングコア．
b)　はぎとり標本の採取．滋賀県甲賀市の粘土採掘現場．地層をある程度の範囲で広がりを認識でき，堆積構造なども観察しやすいが，堅い地層には使用できない．また，採取した標本からは分析資料の採取はできない．

図4-4 ブロックサンプル．石田・山川(1999)で記載されたアカホヤ火山灰(琵琶湖博物館の火山灰資料；LBM-0321000001)．小規模のブロックサンプルは一人でも採取可能．分析試料としても保存可能だが，地層の積み重なりや広がりの認識はできない．

動緊急整備事業」の工事に伴って出現した平井断層の断層調査とはぎとりをおこない，それを博物館資料として保存した．琵琶湖博物館では信楽焼の原料となる粘土の採掘地のはぎとり標本を保存している．

ブロックサンプル(図4-4)は，ある一定の塊として採取される標本である．これは岩石標本採取などでおこなわれるものと同様で，火山灰層など層厚が薄く，側方への広がりがほぼ一様である比較的小さな塊のみでも意味をなす「モノ」に対しておこなわれる．この利点は採取や保存が比較的簡便であり，個人による採取も可能で，塊での採取のためにそれを分析などへ利用することも可能な点にある．しかしながらはぎとり標本のような地層の広がりやボーリングコアほどの積み重なりはない．

以上3種類の方法は，どれも地層の一部の切りとりとして採取・保存するのであるが，それぞれに利点と欠点がある(表4-2)．これらの方法は保存しようとする内容や目的によって使い分けることが望ましい．

方法③地層の消滅と同時進行的に可能な限りの情報を収集し保存する

大規模に調査団をくみ，人的にもまた時間的にも労力をかけて情報収集する．この時，その地層から得られる一部分は地層の切りとりとして保存されることもあるが，多くの場合，採取される「モノ」は化石などの標本である．このよ

表4-2 地層の一部を実物標本として保存する方法．

方法	内容	採取の簡便性	地層観察	分析利用
ボーリング	地下の地質を柱状に採取	大規模	積み重なり	可能
はぎとり	露頭表面を接着剤と布で採取	数人または業者	積み重なりと広がり	不可
ブロック	塊で採取	個人でも可能	塊の範囲のみ	可能

うな例として，滋賀県多賀町における化石の発掘(雨森ほか，1995b)がある．この発掘は工場用地造成現場からアケボノゾウの左切歯が発見されたことによるもので(雨森ほか，1995a)，現地での調査がおこなわれている．また，この調査によって得られたアケボノゾウのほぼ一体分の骨格標本は，その調査後に建築された多賀町立博物館に収蔵され，化石が産出した上下の地層を含めたはぎとり標本も収蔵されている．

　このような大規模な調査は，地域の教育委員会などと研究者によって調査団が組織されておこなわれるが，多くの場合貴重な化石の発掘や断層などの調査でおこなわれることが多く，その他には大阪狭山池の浚渫に伴った調査(吉川ほか，1997)のように歴史的な意義が見いだされるものであり，それら以外ではごく稀である．またこのような調査は，一時的であれ工事を中断もしくは工事の進行の変更を伴うため，その地域の教育や研究にとってよほどの重要性が理解される必要がある．

　大規模に調査が展開された場合はさまざまな内容の研究がおこなわれ，一度に多くの情報が収集され一部は標本が採取される．また研究論文以外に報告書などの形で出版されることも多く，研究者のみならず一般の人々へもその成果を知らせることも可能である．その場合，実際の「モノ」としての地層は残せないにしても，多くの情報が収集できるという点では，地層の一部分を実物標本として残すことよりも情報の収集量という点で優れている部分があるともいえる．

方法④地層の消滅時に簡素でも可能な限りの情報を収集し保存する

　野外露頭の写真やそれについての簡単な説明については，論文などで露頭記載として紹介されるほか，最近では日本第四紀学会第四紀露頭集編集委員会(1996)や京都府企画環境部企画環境課(2002)，千葉県立中央博物館(1991)などの例のように，重要な露頭について出版されている．これらのように調査に伴う映像や記載は多くの場合，論文や報告書といった出版物に掲載される以外にはその情報が残されることはなかった．つまり地層情報の保存先が出版物のみであったといえる．

　工事現場は地層表面や地層そのものを削剥するのであるから，通常の状態よりも露頭条件がよくなり，その地層についての情報が多く収集できるはずである．しかし，その情報を収集した者が，その調査した結果を生涯にわたって論文などで公表しなければ，実際には何も残っていないことと同様である．ただし，このように公表されていない情報は，紛失しないでどこかに蓄積されていれば，情報が保存されていると考えることもできる．これら潜在的に収集・保存されて

いる情報を何らかの形で利用できるよう保存・管理できるようになれば，より多くの地層情報が保存されることとなる．

博物館として有効な地層の保存

　前述の4つの方法は，地層の情報として保管される情報量の多い順に並べているが，①および②の場合は実物が残っており，③と④は基本的には実物が残されていない点で残される資料の考え方は根本的に異なっているといえる．しかしながら将来的に研究される情報の期待値という点をのぞけば，採取した時点でのそこから抽出される情報量の多さは，②と③の方法を比べると③の方が多い場合がある．②のボーリングコアやはぎとり標本としてのとり方がひじょうに少ないか不十分であるならば，じゅうぶんな調査をおこなっている方がよりたくさんの情報を収集していることがあるためである．それが将来的に抽出される情報の期待値ということを視野に入れるのであれば，現在の科学ではあきらかにされない研究結果が得られる期待があるので，③や④では保存方法として不十分である．以上をふまえて博物館としておこなう地層の保存を検討する．

　④の方法は，現地でそのまま保存するのであるから，それらが博物館資料として保存されることはない．ただし，滋賀県のみなくち子どもの森のように博物館の敷地内であれば，その重要性を考えて保存することも可能である (図 4-5)．同じような例が岐阜県の瑞浪市化石博物館や長野県の戸隠地質化石博物館や，博物館周辺地域をジオパーク[2]として保存・紹介をおこなっている新潟県糸魚川

図4－5　博物館が管理する敷地内での露頭保存の例．滋賀県甲賀市のみなくち子どもの森．博物館管理地内であれば，観察会などで利用しながら，露頭の保存が可能である．(写真撮影：小西省吾)．

市のフォッサマグナミュージアムなどがある．このような博物館の敷地以外の場合であっても，現地で保存しようするためにその重要性を訴えたり，保存する働きかけをおこなう役割として博物館が関わりをもつことができる．またそれ以外に保存された地層の情報を収集・発信したり，実際に保存するためには定期的に利用することが重要であることから，博物館がその活動の中で利用しながら保存に関わることもできる．ただし，これらは博物館の敷地内にあるか，もともと保存するという動きがあった場合に有効であるが，工事が進みはじめてから保存を呼びかけても，よほどの理由がないかぎり実効性には乏しい[3]．

②の方法は実際におこなわれている例もあり(高橋・野村，1999など)，実物資料としても保存できるが，ボーリングやはぎとりには，その規模により大小はあるが予算がかかる．とくにボーリングをおこなうには，その深度にもよるが，はぎとり標本やブロックサンプルを採取するよりもひじょうに多くかかる．はぎとり標本の場合は，ホームセンターなどで購入可能なスプレー式接着剤を使用して地層をはぎとる戸倉(1995)の方法を使用すれば比較的簡便に採取できるが，永きにわたって保存するためには保存処理が必要である．また，どの部分を採取するかという点においての検討が難しい．さらにボーリングコアやはぎとり標本の場合，標本を収蔵する広いスペースが必要であるため，その問題も大きい．予算的にも人的にも比較的おこないやすいブロックサンプルの採取は，地層の広がりや積み重なりにおいて狭い範囲で意味をなす「モノ」にのみ適応できる．博物館でおこなうには収蔵スペースが豊富にあり予算がある程度確保できる必要がある．

③の方法は，調査をおこなう人員や調査期間によっても収集できる情報量に大小がある．しかし，調査の規模が大きいほど②の方法よりも多くの情報を収集することができ，公表できる可能性も高くなる．とくに博物館の研究報告書などの出版物でわかりやすい説明と記載や画像を添付して公表すれば，人々にみえる形でその情報を保存したともいえる．また，大規模な調査をおこなう場合，化石などの標本が採取されたり，地層の一部が標本として採取されることもあり，②の方法と併用されることもある．調査に参加する人々がボランティア的に参加するのであれば予算的には問題がないが，調査の中心をなす研究者を集める必要があり，その調査の規模にもよるが人的な問題や工事の進行に合わせたすばやい調査が必要となるために時間的な問題もある．

④の方法は地域で調査している人の協力を得ることができれば，情報収集はより簡便に多くの情報を収集できる．また，少量の情報量でも収集できるということから，人的にも予算的にも小規模でおこなえるため①，②，③に比べて実現性が高い．とくに静止画像の採取(写真撮影)は現在では簡便におこなえる

ため，予算的にも少量で可能である．また最近ではデジタルカメラなど現像やプリントをとくに必要とせず，画像をデジタル情報で残すことも可能となり，より簡便になった[4]．ただしこの方法は情報の保存と利用または公表という点で問題がある．

　消失する地層の情報収集は，将来的に現場がなくなってしまうのであるから，実物資料や調査で得られる情報をあわせて，より情報量の多い方が望ましい．地層そのものや情報の保存という観点のみからみれば①の方法がもっとも良いことはあきらかであるが，博物館資料として保存するという視点からはあまり現実的ではない．②や③の方法はどの程度の規模でおこなうかによって保存される情報量は異なるが，規模が大きいほど予算的，人的また時間的にも大きい投資が必要になる．④は地層情報としてもっとも少ないが，調査にかかる時間や予算などは少量でもおこなうことができる，つまり簡便にできるために多くの地点を対象とすることも可能である．博物館が地層情報を保存しようとする場合，①が非現実的である限り，人的や予算的にも大量に投入して②や③の方法でおこなうことはある意味理想的である．とはいえ開発工事などにともなって露出した崖すべてにおいてそのような活動をおこなうことは，人的にも予算的にもできるわけではない．これらのことから考えると4つの方法は，情報量の多いものから少ないものへの順番でありながら，別の視点からみると，実現性の低いものから高いものへの順番ともいえる．つまり，1ヵ所または1件について保存できる情報量の多さと実現性の高さとは負の相関がある．実現性が高いもしくは簡便な方法は，より多くの地点を対象にできる可能性があるので，1地点での情報が少ないものであっても，地域というある範囲でみれば多くの情報を採取できるともいえる．

　1地点での採取は，②や③の方法がある意味理想的であるが，その方法をおこなえない場合には，実現性が高い④の方法を行おこなえばよい．ただし，これには情報の保存と利用についての問題がある．野外の地層情報は従来，論文や報告書などの形で公表されなければ，その後の研究に利用されることがないため，その保存環境には議論が必要である．

記載情報や映像情報などを保存する可能性

　地層情報を比較的簡単な方法で採取ができたとしても，それを利用できる条件で保存できなければ，実際には情報を保存したことにはならない．出版物としてではなく収集した情報を利用可能な博物館の資料として保存するための検討をおこなう．

映像については，最近のデジタル技術革新により，映像劣化することなくデジタルデータで保存することが可能となった．琵琶湖博物館では1996年の開館前より写真を静止画資料としてデジタルデータ化し，各映像ごとに資料番号をつけてデジタル媒体上[5]で保管し，元となるフィルムなどの原板もできる限り収蔵庫で保管している．これらの映像資料として登録された資料は，標本などの実物資料と同様に，撮影者，撮影日，撮影場所などの基礎的な情報が必要であり，他の資料と同様にデータベースへ記入される．またこれらの映像は貸出もおこなっており，出版物などに利用されている．以上の方法によれば，映像を博物館資料として保存し利用する可能性がある．

　野外でおこなわれる記載は，通常フィールドノートなどの形でおこなわれ，調査終了後に清書されたりまとめられる．これら記載も映像資料と同様に扱うことができれば，保存し，利用することが可能である．映像をデジタルデータ化する技術は，とくに写真に限られたものではない．ものを画像としてデジタル上に取り込む作業によって，それらはデジタル静止画像となるのであるから，たとえば，各地点や各露頭で記載されたフィールドノートやそれを清書したものをそのままデジタル画像としてコンピュータ上で残すことも可能である．もしくは記載が文章のみであれば，それを文字情報として取り込んだ画像と一緒に保存するということも可能である．したがって記載された情報を写真と同様に映像資料として保存し，その資料を説明する記載者，記載日，記載場所などの基礎的な情報をデータベースへ記入すれば，博物館資料として保存し利用することは可能であろう．

地層情報を保存する上での問題

　映像や記載を博物館の映像資料や記載資料として保存する可能性はあるとしても，それらを保存するうえで，また利用するうえでいくつかの問題点が考えられる．

工事現場の情報を利用すること

　工事現場で調査をおこなう場合，その工事の発注者や事業者に許可を得る必要がある．工事の中断を伴うようなものでないかぎり承諾されることも多い．調査が承諾されたものであってもその情報を広く公表する場合には，その承諾も同時にとっておく必要があるだろう．また，その地域が宅地造成などの販売対象であった時，そこに断層など購入者にとって不利益と感じられる情報がある場合の公表の仕方には注意が必要である．しかし，そういった情報を研究者と

して公表しないことは倫理的にどうかという問題もあり，その情報の取り扱いには議論が分かれるところである．いずれの場合にあっても調査をおこなう時に調査の許可と情報の公表についての許可を得ておく必要がある．

映像を撮影する対象やスケール

その現場で観察できることを記録する映像は，現地の地層の見かけを保存する効果が得られる．しかし，現場で地層を見る場合には，遠景でみたり，細かい部分を見たりと，調査を進めるにしたがって必要である所を何度も見ることができるが，映像の場合，遠景でとった映像を拡大することには限界がある．逆に地層を接写した映像は，観察できる範囲が狭く，平面的に写し取った映像は，立体的に見ることはできない．したがって情報として残すことを前提とした場合，漠然と映像を撮るのではなく，どうすれば地層情報の保存としての映像が残せるか意識した撮影が必要となる (図 4-6)．

たとえば，私は滋賀県伊吹町寺林にある採石場に見られる地層の調査をおこなった時に，全体がわかる遠景と地層の一部層準の岩相がよくわかる近景を撮影したうえで簡単な記載をおこなった．その後数週間の期間をおいてから，フィールドノートの記載と写真からその地域の堆積した環境の考察を試みた．私は実際の地層を観察・記載するという調査をおこなっているため，現場を何も知らない者が記載や写真を見ることとは異なっている．しかし，現地で行った記載内容からではなく，調査時に撮影した写真から礫の密集の程度や，礫層の基質についての情報が抽出できないかを確かめたところ，必要とする地層の写真が少なく，より詳しい観察が必要な写真が少ないなど，考察するためにじゅうぶん必要な情報を得ることができなかった[6]．このことは，後にどのような映像が必要となるかが調査時には理解されていないために起こる．つまり後に見直した時に記載が足らないと感じる部分は調査時に注意が行き届いていないためであり，注意が向いていないところは撮影されないことを意味している．調査はある考えに基づいておこなわれるという都城 (1994) の立場をとれば，調査時に重視しているところを中心に記載や写真の撮影がおこなわれるために，何の視点もない状態で写真を撮影しても，後に必要とされるであろう写真が得られていない可能性が高いことを示している．事実，私が研究の専門としている火山灰層については，遠景，近景，接写など，どういう写真が必要であるかをじゅうぶん意識して撮影していた．このことは，画像を野外情報として保存したとしても，現在知られていない手法によって後の研究がその写真を利用することは難しいことを示しているともいえる．しかしながら開発が終了してしまった場所は，地層の露出もなく，地形も変化しているため，その状態からは何も情

図4−6 地層を映像情報資料として保存．映像は遠景，近景，接写など，どの部分が重要であるかを考慮して採取(撮影)し，保存する．ここでは，複数の映像を1つの画像として示しているが，それぞれを1つの資料として登録すべきであるが，同時に複数の映像の関係性が後に理解されるように保存することが必要である．

報が得ることができない．たとえば滋賀県大津市真野の宅地開発がおこなわれていた現場には教科書的な不整合が見られたが(図 4-7)，この地域の大規模な調査はなく，論文などの出版物にも記載がないため，そのような不整合があった事実を示す情報がどこにも保存されていない[7]．少なくとも，写真に見られるような不整合があったという情報は，この写真を利用できる形で保存することによって残すことが可能である．したがって，撮影者はどのような地層情報を残すべきかを，ある程度は意識して撮影する必要がある．

第4章 失われゆく資料の保存と利用法

図4-7 地域開発工事によって消失した地層．滋賀県大津市真野．教科書的な不整合がみられたこの場所は，論文などの出版物では紹介されておらず，地層もなくなってしまったため，これがあったという情報が残されていない．

記載された情報

　この章の主題である野外の地質の保存は，それを調査することによって得られる情報を含めているのであるから，調査時に記載したフィールドノートや記載内容の情報は重要である．以前，野外調査をおこなっている地質学研究者から「今はなくなっている露頭などもあるので，野外で記載したフィールドノートなどは捨てるに捨てられないし，どこかに保存できればいいのだが，生きている間にそういうものが公表されるのは恥ずかしい」との話を聞いた．研究者がおこなった記載を公開することが恥ずかしいと感じるのは，その人自身が執筆した文字や字体の美術的な側面としての恥ずかしさという部分もあるのだろうが，記載内容はその研究者自身の地質に対する考え方や姿勢といったその人自身を表しているということを暗に示しているともとれる．このことは，記載は記載者の信じている理論に依存していること(都城, 1994)に通ずる．だからといって，記載された内容が客観性をまったく欠いているというわけではない．

　客観性のある記載をおこなっていたとしても，都城(1995)が述べるように，調査の目的が変わればそれに応じて必要な観察・測定の種類や精度が変わることから，過去の記載が将来的に役立つというのは難しいのかもしれない．しかしながら実際にはなくなってしまった地層を現地で再度調査することができない限り，その時に撮影された写真とその記載が唯一の保存された情報であれば，それらが保存されている意義は大きい．また，写真ではわからない細かな部分，たとえば堆積構造や構成されている砕屑物の粒子サイズなどが，写真と記載を照らし合わせることでより理解される情報もあるであろう．すなわち記載された情報は写真に映し出されている情報を補足し，その補足によってより多くの情報を保存することになる．つまり地層情報の保存のためには，写真と記載がセットになっている方がよりその利用度は高くなると考えられる．

映像と記載のプライオリティー

　記載には，その記載者のもっている理論に依存している部分がある．したがって，その記載を利用した研究をする場合，その研究で述べられたことが，記載者を含めた主張とするのかには議論が分かれるであろう．この点については，利用しようとする記載がどの程度客観性を帯びたものであるかが重要な点となる．記載をする場合，大部分が解釈であるというのはあまり考えにくいが，まったく客観的であるということも考えにくい．このことは情報の利用者が記載されているもののどの部分が客観的であるかを判断しながら利用する必要もあることを示している．

　また記載が理論に依存した部分があることは，記載者そのものが重要であることも同時に示している．したがって写真や記載を利用する場合には，誰が撮影・記載したものであるかを明記することも必要となる．これは著作権との関係もあるが，出版されたものを引用する場合に，その出典をあきらかにすることと同様に考えればよいであろう．ただしここでの記載された資料の利用は，それのみで完結する著作物であるので，その記載を利用する場合には，一部の引用とは言えないのであるが，その記載を利用して研究する場合は，その記載は研究内容の中心をなすデータであったとしても，そこから導き出される理論や考え方は，利用者が主体となっていることから，引用と考えることができよう．ここで，このような行為が引用でないと考えるのであれば，映像や記載された情報の利用が難しくなる．情報を保存している博物館は，そういった利用を引用と考えるべきであり，誰もがその情報を利用できるようにするためには，その記載者が博物館には著作権を含めた寄贈をすることが必要になる．その場合，現役の研究者が著作者がであると，その権利をみずから放棄することは難しい．その事情は実物標本を採取した研究者が，博物館へ寄贈することが簡単ではないことに似ているのかもしれない．ただし，標本の保管や利用の環境が整っている博物館ほど寄贈を受けやすいことを考えると，同様に映像や記載といった野外情報を収集するためには，博物館で野外情報を保管し，利用しやすい環境を作ることが重要であろう．

　野外情報のうちその映像を論文などの出版物へ掲載する場合には，慣例にしたがって，それを管理する博物館に使用申請などをおこなう必要があろうが，そのような著作権法に関連する内容についての議論は，法的問題として別に議論すべき問題であるので，ここでは議論しないことにする．

研究論文への利用について

　採取した記載や映像を保存することは，利用を目的としたものである．それ

は展示などの博物館活動での利用もあるが，他の博物館資料と同様に，将来の研究に利用されることも前提としているべきである．研究の成果として学術雑誌などへの投稿をした場合，博物館で保管されている映像や記載の資料を利用した論文は，受けつけた学会等がそれらの利用を認めるであろうか．映像を利用して，新たな記載がおこなわれたとしても，その論文を査読(審査)する別の研究者は，"その映像の見方によってたまたまそのように見えているだけで，実際とは異なっている可能性もある"とする可能性がある．ただし，その映像がインターネット上などで公開されるなどの環境があれば，利用した情報を簡単に閲覧できることも想定され，そのような場合には査読者などの研究者が同じ映像を閲覧することで検証可能になるかもしれない．そのような環境があれば，論文を発行する学術団体や研究者たちが，どういう立場をとるのか今のところわかりかねる．

地層情報を博物館資料として保存するために

　以上のべた問題点をふまえ，博物館資料として写真や記載を利用し，保存するためには，どのように収集・保管をおこなえばよいかを検討する．

野外の地質写真や記載に必要な事柄

　簡単な調査で地層情報を保存するためには，後の利用を考えて撮影方法や最低限必要な記載や情報をあらかじめ決めている必要がある．映像は，平面的なある一定の枠内に収まったものであることから，大きさがわかること，すなわちスケールが必要であり，奥行きを意識した立体的な映像を伴う必要がある．また，全体像を把握すると同時に狭い範囲での細かな状態を観察する必要があるが，写真では一枚一枚でそれぞれ完結してしまうため，全体像を把握するための遠景や細かな部分を見るための近景との関係がわかることが必要である．近景は，1つの画像内に撮影できる範囲が狭いので，細かく撮影する事が必要になるが，対象としているすべての地層を細かく撮影することは時間的や予算的に難しいことが予想されるため，代表する部分を見極めて撮影するなど工夫が必要である．さらに細かな堆積構造など，とくに必要と思われるものは接写の映像も必要となる．実際の地層をなるべく再現できることが望ましいので，色についてもできるだけ再現することを意識して，色見本や画像修正用に白色のものを一緒に撮影するようにすれば，再現しやすいであろう．

　得られた写真については撮影条件や内容説明が必要である．それは，標本資料と同じ程度の情報として，撮影者，撮影日，撮影場所はもとより，撮影場

所は細かく，撮影した方角，地層断面の方向，地図上に点で落とせる精度の場所，撮影された範囲が必要であろう．また，写っているものに対する解説が必要で，その解説は記載と一致していることが望ましい (図 4-8).

記載はできる限り細かい内容までなされている方がよいが，簡単な調査でおこなう場合には最低限必要なもの，たとえば露出した断面では本当の地層の厚さがわからないことが多いために，その記載が重要であろう．また，地層の傾きの方向などの基礎的な情報が必要である．

保存する環境

写真はそれぞれに写真資料として登録番号をつけ，標本の資料と同様に資料カードを添付して保存する．資料カードに書かれる内容は，前述した通りである．フィールドノートなどの記載事項は，場所や露頭ごとに登録番号をつけて，資料カードを添付して保存する．これらは，野外における情報であるので，地図上にその場所が点で記録され，場所情報が正確に確認できることが必要である．緯度経度では，秒の単位までの精度で表されているべきであろう．また，写真と記載が一致してみられることは重要であり，記載されたものが，どの写真資料のどの部分でおこなわれたものかも利用する場合に理解できる必要がある．

これらを保存する環境として，利用するための簡便さを考えると，デジタル環境でデータベース化することがよい．デジタル環境では，写真を1枚1枚デジタル画像としてとり込み，記載はそれぞれの場所でおこなわれたもの毎にデジタル画像としてとり込み，それぞれに登録番号をつけ，電子化された資料カー

撮影日：1999/03/08，撮影者：里口保文，記載者：里口保文，場所：滋賀県大津市真野，
緯度：N35°7′53″，経度：E135°55′23″，方角：東方向へ撮影

図4－8　地層情報資料の保存．映像，記載，地点図，資料情報をセットで保存が必要．または，映像と記載は別の画像使用として保存し，映像資料との関係性を示すなどの方法もある．

第4章　失われゆく資料の保存と利用法

ドとともに閲覧できるようにする．また，それらの原板であるフィルムやフィールドノートの記載は別途保管され，原板を見返すことができるように整理する．

　デジタル環境でデータベース化されれば，電子化された資料カードの閲覧をインターネットで検索できたり，博物館の閲覧室で誰もが比較的容易に閲覧できるようになる．また，インターネット環境が整うことは，普段地層に接することのない一般の人が，地層を閲覧することができ，その意味を知ったり地層についての理解を助ける．学校教育現場では地学分野の授業数が少なくなり，その理解を助けることができなくなりつつあるが，教育現場でおこなわれるインターネットの利用によって，地層の重要性を訴えられる可能性が高い．

　ただし，デジタル環境で保存するには，比較的高価な予算がかかる．人的問題もあるが，予算的問題も簡便にできることが野外情報の保存活動にとって重要な要素であるという議論からすれば，このことは相反する意見となってしまう．したがって，デジタル環境でおこなうことは利点もあるが，予算的な問題があるため，デジタルではなくてもフィールドノートの記載を含めフィルムやそのプリントで写真に直接登録番号をつけたり，各記載のコピーをとって番号をつけて保存するなど「モノ」資料として保管することも視野に入れておこなうべきである．

地層保存の今後の可能性

　これまで，消失する地層を保存するために，地層情報の保存という観点から4つの段階に分けて説明した．その中でももっとも簡便にできる方法と思われる映像や記載での地層情報保存についての可能性を検討した．

　この章では開発などに伴って私たちの住んでいる基盤である地層が失われている現状のなかで，それらをどのようにすれば保存し，将来にわたって利用できるのかを議論してきたが，将来にわたって保存する「モノ」や「情報」は，行える研究の可能性を広げることにつながるので，できるだけ多いことが望ましい．しかしながら多くの博物館では人的にも予算的にも余裕がないので，「地層保存は重要であるのですべての地層を残すべきだ」と主張することや，「莫大な予算や人や時間を投入して地層の保存をすべきだ」と主張することは実現性に乏しいため，実際の地層の保存にはつながらない．各地域でその活動をおこなうためには，それぞれの事情に応じて可能性がある方法を選択する必要がある．

　また過去の論文に記載された場所についての写真や，これまで公表されていないものについて，それを保存している人に理解を得て収集することも重要で

ある．将来の調査においても，地域で調査を続けている方に協力を得て博物館を介するネットワークができることが望ましい．さらに画像の撮影方法や記載方法について基準を設ければ，中島 (2004) にみられる「うおの会」の活動のように多くの人々の協力の下に博物館の事業展開が可能である (第7章参照)．このように研究者ネットワークや多くの人々の参加を求めることによって，1 カ所で得られる情報量は少なくとも，ある地域といった範囲でみればその情報量は多くなり，「モノ」資料としては保存することができないであろう膨大な量の野外情報が収集可能となる．

さらには，多くの人々の参加を求める活動そのものが，地域の地盤の成り立ちについての興味をおこしたり，新たな地層の保存への関心につながる可能性もあるだろう．

このような活動は，資料収集保管活動のみならず他の活動にとってもよい効果をもたらすことが期待できると考えられる．

野外情報の収集

以上，変化していく自然や文化という野外資料を，どのように切りとれば博物館として保存できるのかを論じるために，地層という具体的対象を例にしたが，方法論として対象が具体的すぎることもあったため，必ずしもすべての野外資料に適応できる訳ではないであろう．しかしながら，地域の風景や，人々の活動といった文化的なものにあっても，それをそのまま博物館で保存することができないという意味では同様の問題がある．たとえば野島断層保存館の例 (図4-2) では，地層をそのまま野外で保存する例として扱ったが，これを災害の記憶という視点からみると，災害を引き起こした現象が「モノ」として保存した例と見ることができる．災害は突然起きる事件であり，それによってそれまでの環境が変化する．そういった事件を保存するために，野島断層保存館は野外において断層をそのまま保存した．しかしながら，災害は人々への被害なので，その場所はもともと人々が生活をする場でもあり，その場所を復興するためには災害が起きた後の環境を，人々が暮らすことのできる状態へ変化させる (もどす) 必要がある．地域の野外情報を保存する手法として，野外でそのまま保存できなければ，何らかの「モノ」としての資料を切り取るか (前述②の方法)，画像と簡単な記載の方法 (同④の方法) の他，その状況を詳細に調査するなどの方法が (同③の方法) とられる．

災害のような特殊な例ではなくとも，自然や文化もゆっくりとしたあるいは急激な変化をし続けているものである．そのため，それらの保存を考えるには同

様の問題が考えられる．たとえば，地域の祭りなどの民俗的な風習や伝統的な工芸などについても，地域の人々がそれを継承している限りは野外で保存されているともいえるが，博物館がそれに関わって保存をしようとする場合にはそのままの状態で保存する方法ということは考えにくく，画像と簡単な記載という「情報」によって残すことが有効な保存方法であろう．他にも，現在の環境や風景の保存を考えても，野外の状態をそのまま保存することは不可能であり，画像や記載によってその情報の一部を保存可能な状態で切りとるという手法を用いる必要がある．

そのような活動例としては，琵琶湖博物館の静止画資料がある．その画像資料の中には過去の災害や文化を知ることができる情報が画像として保存されている．そこに保存されているものは過去のある時点ではふつうの風景であったものが，時間とともに地域環境や人々の生活スタイルの変化によって，現在では人々の記憶にしかない過去の風景や文化となったものである(琵琶湖博物館, 1997)．

過去の風景画像は現在では貴重なものとされるが，その背景にはそれらの保存量が少ないことにも理由がある．現在のように写真が手軽になり多くの人がその収集に参加できるようになったことは，より多くの情報保存の可能性を高めていると同時に，たくさんある地域情報の切りとりの中から何を保存するのかを，従来の実物資料と同様の検討が必要になったことをも示している．

注

1）対象とする地域全体を博物館のようにみたて，そこにある自然，歴史や人の暮らしなどさまざまなものを紹介しようとするもの．エコ・ミュージアムを日本的にとらえたものともいえるが，博物館活動というよりも，地域のまちづくりなどの地域活動としての側面が強い．

2）糸魚川市では，地質学的に重要な場所が多くあることから地域を野外の博物館として考えて，地域一帯をジオパークと呼称し，見学が可能なように整備したり，ガイドブックの発行などの事業をおこなってきた．これとは別に，世界ジオパークネットワークが認定するジオパークがあり，糸魚川市は世界ジオパークにも認定されている．

3）最近では環境配慮や，地域学習の観点から，一部を観察可能な状態にする動きもある．

4）ただし，デジタル環境で映像を保存することについては，疑問視される議論がある．

5）琵琶湖博物館の場合は，高画像データをＣＤ-Ｒに，検索用にデータベース・サーバーへそれぞれ保管している．

6）調査と研究の結果は，里口・山川（2006）などで報告した．この報告は，この結果をうけて現地で再調査をおこなった結果による．

7）これは地域の研究者のがんばりが足らないためだと批判することも可能であるが，そのような批判をするだけでは解決できない．

参考文献

雨森 清・小早川隆・多賀町ゾウ化石発掘調査団 1995a. 滋賀県多賀町の古琵琶湖層群より発見されたアケボノゾウ Stegodon aurorae（Matsumoto）の発掘．地質学雑誌 101 pp XXV-XXVI.

雨森 清・小早川隆・多賀町ゾウ化石発掘調査団 1995b. 滋賀県多賀町の古琵琶湖層群より発見されたアケボノゾウ（予報）．地質学雑誌 101 pp 743-746.

新井重三 1997. エコミュージアム実践序論．日本エコミュージアム研究会（編）エコミュージアム・理念と活動—世界と日本の最新事例集 牧野出版 pp 6-24.

琵琶湖博物館 1997. 私とあなたの琵琶湖アルバム．滋賀県立琵琶湖博物館 滋賀．111pp.

千葉県立中央博物館 1991. 上総層群下部鍵層集．千葉県立中央博物館 千葉．218pp.

石田志朗・山川千代美 1999. 京都市伏見区横大路の沖積層産植物化石．地学研究 48 pp 17-29.

烏丸地区深層ボーリング調査団 編 1999. 琵琶湖東岸・烏丸地区深層ボーリング調査．琵琶湖博物館研究調査報告 12 pp 1-167.

片岡香子・中条武司 2005. 古琵琶湖層群のデルタ成堆積物．日本地質学会第 112 年学術大会見学旅行案内書 pp 99-112.

加藤茂弘・小林文夫 1997. 第 3 章　博物館におけるコアの保管と活用の重要性．阪神・淡路大震災と六甲変動 兵庫県南部地震域の活構造調査報告書 pp 90-96.

桂 雄三 2004. 天然記念物って文化財なの？．深田研ライブラリー no. 77 pp 1-44.

京都府企画環境部企画環境課 2002. 京都府レッドデータブック　下巻—地形・地質・自然生態系編．京都府 京都．471pp.

都城秋穂 1994. 常識的科学感の誤りと 地質学的観察の理論依存性．科学 64 pp 749-755.

都城秋穂 1995. 記載的科学のライフサイクル．科学 65 pp 842-849.

中島経夫 2004. 身近な環境をみつめて　琵琶湖博物館「うおの会」による魚類分布調査．水環境学会誌 27 pp 156-159.

日本第四紀学会第四紀露頭集編集委員会 1996. 第四紀露頭集—日本のテフラ．日本第四紀学会 東京．352pp.

岡田博有 2002. 堆積学 - 新しい地球科学の成立 -．古今書院 東京．219pp.

大木淳一・綛谷珠美・高橋孝之・恵貴子・今関達治 2003. 露頭の保護・活用を目的とした林道管理者と博物館の協力事例．千葉県立中央博物館自然誌研究報告特別号 6 pp 33-37.

大木公彦 2002. 鹿児島市下福元切り通しの保存．鹿児島大学総合研究博物館 Newsletter no. 3 pp 2.

佐藤興平 2001. 日本地質学会第 108 年年会記事—夜間小集会—天然記念物のあり方をめぐって（世話人：濱田隆士・佐藤興平・桂雄三）．日本地質学会 News Vol. 4（no. 12）pp 6.

里口保文・山川千代美 2006. 伊吹山麓の米原市寺林地域に分布する礫質堆積層の年代．第四紀研究 45 pp 29-39.

鈴木一久 2000. 洪水氾濫の堆積学 - 礫質河川野洲川における交互砂州堆積物の形成しと堆積機構 -．

地団研専報 48 pp 1-69.

高橋武夫・野村正弘 1999. 藤岡市保美の平井断層. 群馬県立自然史博物館研究報告 3 pp 37-44.

田中彰一 1988. 掘削技術と掘削試料の保管 1 掘削技術 月刊地球 10 pp 206-211.

戸倉則正 1996. スプレー式接着剤を使用した地層はぎとり方法. 堆積学研究 43 pp 83-84.

梅棹忠夫 1987. メディアとしての博物館. 平凡社 東京. 269pp.

吉川周作・三田村宗樹・内山 高・長橋良隆・槻木玲美・Edy Sunarudi・里口保文・橋本定樹・山本岩雄・田中里志・山崎博史・佐藤隆春・市川秀之 1997. 大阪狭山市狭山池堆積物における液状化跡. 地質学雑誌 103 pp 982-989.

第5章　記憶の中にある資料の保存
―住民の記憶はいかに博物館の資料となりうるか―

牧野厚史

　住民の記憶はどのように博物館の資料となり得るのであろうか．ここでは，生活資料の収集を通して考えることにしたい．生活資料とは，ある時期のある地域における人々の生活を知るための資料のことであるが，ここでは少し前の時代の暮らし，すなわち近代以降に関心を絞ることにしたい．近代以降の生活に限っても，生活資料の内容はさまざまである．たとえば生業や衣食住を生活と考えるなら漁具や農具，その他の生活用具などの民具がおもな資料となる．また，住居などの建築物，さらに文献や絵画，写真にいたるまで，じつに多様な対象が生活資料としての可能性をもっている．博物館での資料の収集では，それらの資料のなかでも「モノ」の形態をもつ資料の収集に重点が置かれてきたことに特色がある．

　もっとも対象によっては，モノの形態で資料を収集することが難しい場合がある．生活用水の伝統的な利用方法のように，特定の場所と緊密に結びついた人々の行動を対象とする場合である．「モノ」にこだわらなければ，それらの対象についても資料収集はもちろん可能である[1]．その方法の1つに，対象をよく知る人に言葉で教えてもらう，「聞き書き」という方法がある．たとえば，琵琶湖の周りのような農村部では，上水道の導入によって生活用水の利用方法に劇的な変化が生じたのは戦後のことである．したがって"カワト"(水場)のような伝統的な水利用の施設が残されている場合も多く，水利用の体験について語ってくれる人々に出会うことも可能である．

　このように「モノ」の収集が難しい場合，学芸員は，住民からの聞き書きやアンケート調査などで得た情報を資料として蓄積することになる．ただ「モノ」の形態をもたないそれらの資料は，そのままでは多くの人々が情報を引き出し利活用していくことは難しい．また現地の環境がすでに失われてしまった場合には，住民に何を尋ねたらよいかということすらわからない場合も少なくないのである．とりわけ，生活に密着した対象の場合には，文献をあえて残さない場合が多いために，調査が難しい場合も少なくない．そのような場合，すでに消滅した場所についての人々の記憶に「モノ」という形をあたえることができれば，博物館での生活資料の収集や利活用の可能性は大きく広がることになる．

　ここでは，現代農村における特定の場所と結びついた住民の記憶に焦点を

あてる．すなわち住民の身体のみに残され，通常は他者からは見えない「記憶のなかにある場所」を，どのような方法で引き出し，博物館の資料とすることができるのかを琵琶湖博物館がおこなった農村の環境調査の事例に則して考え，その課題についても検討する．

圃場整備による現代農村の変化

　都市に比べて変わりにくくみえる農村の景観も変化し続けている．たとえば家々の固まりである集落の周囲には水田が広がり，その背後に山を抱く景観はいかにも伝統を感じさせる．しかしそれらの景観も中世以降に形成された歴史的産物であると歴史学の研究者は考えている (水野, 2004)．またそのような景観が変化する要因群についても，いくつかの仮説がだされている．1つは領主や政府などの上位権力による広域的な統治の必要性であり，もう1つはそこに住んでいる人々の生活の変化である．

　戦後1960年代から全国の農村で開始された圃場整備という農村景観の変化もこの2つの要因から説明されてきた．圃場整備とは，高度成長期頃から政府によって進められてきた農業近代化政策の一つで，農地の区画の規模・形状の変更，用排水，道路等の整備のほか農地の利用集積や非農用地の創出による土地利用の秩序化などの農地基盤整備を指している．この施策を主管した農林水産省は，農地の基盤整備によって，生産性の向上，農村環境の整備や地域の活性化などのメリットが期待できると説明してきた．それらの説明は，農家にとっても受け入れやすいものだったかもしれない，こうして圃場整備が進められてきた結果，日本の農村には，直線的な水路に囲まれた碁盤の目のような水田の景観が広がることになったのである．

　もっとも，この圃場整備は，環境に関心のある研究者からはたいへん評判の悪い事業でもある．たとえば生物学研究者の守山弘は，各種の調査結果を根拠としながら，事業実施による「耕地生態系」の変貌に生物の側から警鐘を鳴らし，「水田においては，耕起というかく乱が洪水によるかく乱の肩代わりをしている．また，そのかく乱も，多くの生物の生活史とぶつかり合わない時期におこなわれている．そしてこのかく乱が多様な生物を支えている」と述べている (守山, 2000)．さらに守山は，圃場整備に次のような問題点を指摘する．「生産性の向上のみをめざした圃場整備などによって，餌資源量が減少すると高次の消費者は生息できなくなる」(守山, 2000)．

　これに対して，水田を人間の創り出した文化遺産と見なす歴史学の研究者たちの間では，また別の危機感がある．たとえば「圃場整備事業の進展によって

荘園遺構が急速に消えようとしている危機意識」が歴史学研究者たちから表明されるようになったのはその一例である(『日本史研究』編集委員会，1988).荘園研究をテーマとする歴史学研究者たちにとっては，水田という場の現況調査から得られる水利灌漑，地名，耕地の状況，民俗慣行などの情報は，中世荘園の歴史を考えるうえで不可欠な資料なのである．ところが，圃場整備は，中世から高度成長期頃まで維持されてきた水田の景観を大きく変えることで，水田という場所が保持している情報を消滅させてしまうことになる.

　それらの危機感は，もっともなことである．ことに生物の生息環境としての水田の価値に関心が高まっている今日，守山の指摘は多くの研究者の賛同を得ることができるかもしれない．しかしながら，それらの危機感を支える論理は，圃場整備という生活環境の変化を実際に体験することになった農家自身の考え方から出てきたものではないことにも注意を払う必要がある．すなわちそこに住み農地と関わってきた人々の考え方そのものは，ブラックボックスとされたままだったのである.

　1999年度からおこなわれた琵琶湖博物館共同研究「水利形態の詳細復元による地域環境史の総合的把握—扇状地・滋賀県甲良町を中心に—」は，すでに圃場整備が実施された集落を対象に事業がもたらした変化とは住民にとって何であったのかを把握したいという関心からはじまった．荘園遺構や条里遺構をあげるまでもなく，琵琶湖の周りに広がる水田も土地への持続的長期的な人々の働きかけによって形成されたものである．ところが，水田の景観は，圃場整備によってわずか40年の間に急速に変化することになった．この急激な変化をどのように住民たちが受け止めているのかを調査する場合，課題となったのは，そもそも何をどのように住民に尋ねればよいのかということである.

　圃場整備の評価を住民の考え方に即してあきらかにするためには，整備以前の水田と稲作農業，さらにそれらに対する住民の評価について知る必要があることはいうまでもない．しかしそのような環境はすでに失われ，そこにはなかったのである．そこで農業経済学，人文地理学，歴史学，そして社会学を中心とする琵琶湖博物館研究グループは，共同研究をはじめるにあたって大きく2つの作業を設定することにした．1つは，農家からの聞きとりにもとづいて，水田を中心とする水利形態の詳細復元を地図上でおこなうことである．さらにもう1つは，ベースマップとなる水利形態の詳細復元図を作成しながら，住民(農家)との対話型の調査をおこなうことである.

　以下では，まず住民たちの体験に根ざした「環境史」という私たちの研究方法論を紹介したうえで，調査地の概要とベースマップ作成のプロセス，さらにその作業を通して見えてきた成果と課題について述べることにしたい.

人々の体験に根ざした環境史

　現在，環境史という概念はたいへん多義的な用語になっている．あえて定義すれば人間と自然との関係史というとても抽象度の高い定義になってしまうのも，その多義性に理由がある．にもかかわらず，この概念に多くの人々が関心をもつのは，それが既存の学問領域や領域間の関係を見直させ，新しい物の見方を可能にすると考えられているからであろう (丸山, 1999)．

　そのような環境史が関心を向けている対象の1つに，水田という環境の持続性についての評価がある．私たちが共同研究に着手した時，環境史的な研究のなかでは，水田という環境の持続性について2つの考え方が存在していた．1つは生態系としての生物からの視点であり，もう1つは文化遺産としての歴史性からの視点である．

　ただこの共同研究では，この2つのアプローチとは異なる側面から，圃場整備という環境改変の意味を探ることになった．圃場整備事業における行政と地元の農家との関係は，ダムや河口堰のような通常の大規模公共事業に比べてはるかに複雑である．圃場整備事業は大規模公共事業である半面，農家の申請によって実行される事業でもあり，外部の研究者による事業への警鐘は，事業に賛成する農家への非難と受け止められがちである．すなわち研究の動機は善意であったとしても，それらのアプローチは水田という場に働きかけをおこなう農家とのコミュニケーションをつくりだすことに今のところ成功していないと思われたのである[2]．

　実際，共同研究の舞台となった農村においては，農家は圃場整備を受け入れながらも，その結果にはかならずしも満足しているわけではなかった．たとえば脇田健一は，農民の語りのなかに，圃場整備に賛成しつつも環境の変化に対する不安や喪失感が見られるとしている．圃場整備についての矛盾にもみえる農家の語りを，水田での農家自身の"経験"に裏打ちされた「重層性」として理解する必要性を提起したのである (脇田, 2001)．ここでいう"経験"とは「ある人や集団にとっての，過去の記憶されている時間の蓄積」のことであり，日本の社会科学ではそのような経験をもとにして環境に関わる人々の内面をあきらかにする研究を環境史と呼んできた経緯がある (鳥越, 1984, 1997)．ではそのような環境史的研究は，博物館にとってなぜ必要なのであろうか．

　この点で示唆的なものには，琵琶湖博物館でおこなわれてきた古写真などの博物館資料を用いた水利用についての研究がある．この研究を積極的に推進してきた嘉田由紀子は，琵琶湖の集水域における水利用の伝統を念頭に置いて，水に対する人間の基本的な考え方を2つに分類している．1つは「広域的普

遍的な支配の論理」であり，もう1つは「狭域的な地域固有の自然条件や歴史・文化的条件に依存した柔軟な固有の論理」である(嘉田, 1995). それによれば「それぞれの地域の条件にあわそうとすれば，おのずと柔軟にならざるをえない」とされている(嘉田, 1995). しかし実際には「支配の論理」と親和的な圃場整備事業が，その是非についてのさしたる議論もないままに農家に受容されてきたという現実がある. この農家による圃場整備の受け入れという選択について，嘉田は拒否という選択肢もあり得ることを示唆しながらも「地域社会にとって何が固有の価値であるのか，住民自身にも見えなくなっていることであり，それを表現する手段・方法も見えなくなっている」ことを問題とするのである(嘉田, 1995).

この指摘は「当事者の学」を提唱しながら，当事者である農家に「支配の論理」から脱却する必要性を説くという論理矛盾のようにもみえるが，そうではない. 水田という場所があまりに生活と密着しているために，その場所への働きかけの是非を改めて言語化し，住民の間でコミュニケーションをおこなう必要がなかったことが，問題を見えにくくさせているというのである[3].

このような指摘を受け入れるなら，博物館が水田という場所の記憶を資料化することは，住民の間でのコミュニケーションの促進という，地域社会での実践的な課題への貢献までが期待できることになる.

調査のフィールド－滋賀県犬上郡甲良町

私たちが調査の対象地として選択したのは，滋賀県犬上郡甲良町域の農村である(図5-1). 甲良町は琵琶湖の東岸に広がる湖東平野の北端，犬上川の左

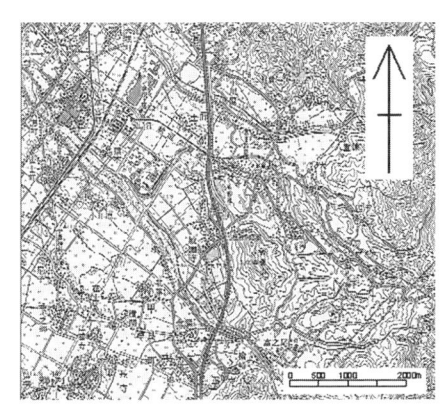

図5－1　調査フィールドの甲良町域(国土地理院発行1/25000「高宮」に一部加筆).

岸扇状地に位置する，総面積1366ha，人口8700人ほどの小さな町である．農用地が町域の57・4%をしめる一方で，現在では農家の大部分が第2種兼業農家となっている．

私たちがこの地域を選択した理由は大きく3点ある．

第1にこの地域が歴史的には水に大きな関心を向けてきた地域であり，嘉田の指摘する「狭域的な地域固有の自然条件や歴史・文化条件に依存した柔軟な固有の論理」を内包する地域と考えたからである．犬上川流域に位置する甲良町域周辺は，水に恵まれない扇状地に立地している．しかも流域の農村がたよっていたのは水量の乏しい犬上川からの取水であった．そのため戦後の犬上ダム完成によって水不足が基本的に解消するまで，農家は地域社会を水利用のうえで高度に組織化することで農業生産を維持してきたのである．藩制村を単位として一ノ井堰，二ノ井堰，三ノ井堰，四ノ井堰として4つの井組に組織化されていた水利組織は，戦後，犬上川沿岸土地改良区となっている．現在でも甲良町域はこの土地改良区が管理する犬上ダムの灌漑区域である(図5-2)．

また第2に甲良町域は，最近になって圃場整備事業が導入された地域であり，農家の間には事業実施前の土地の記憶がまだ鮮明に維持されていることである．滋賀県下の農村域では1960年代に構造改善事業という名称で圃場整備事業がはじまり，1972年からの琵琶湖総合開発のもとで事業は急速に拡大することになった．ただし甲良町の場合，圃場整備事業の導入は遅く，整備がはじまったのは1980年代にはいってからのことである．そのため比較的若い世代までが，事業実施前の土地にはたらきかけてきた体験と場所の記憶をもっているのである．

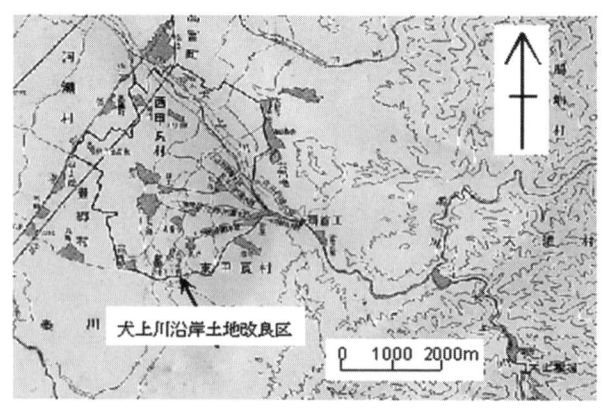

図5－2　犬上川流域一般図と灌漑区域(出典　農林省京都農地事務局『農業水利に関する一事例調査』付図．なお掲載には犬上川沿岸土地改良区の承諾を得た)．

第3にこの地域の農家は，圃場整備事業をそのまま受け入れたのではなく，実施に際して整備の仕方への危惧を表明し，このことが水環境を中心とした「まちづくり」につながったことである．圃場整備をきっかけにはじまった甲良町域の「まちづくり」（「せせらぎ遊園のまちづくり」）の活動は，水環境を活かした農村域における住民参加の「まちづくり」として全国的も高く評価されている．それゆえ，この「まちづくり」に対する住民の参加の実態からは，嘉田によって提示された表現しがたい(圃場整備への農家の)不満の実態をよりいっそう明確にとらえることができる，と判断したのである．

GISを用いた水田景観の復元と住民の記憶

　調査にあたって私たちがおこなったのは，一見するとたいへんプリミティブな方法である．すなわち，甲良町域の大字の住民から聞きとりをおこない，その結果聞きとり得た圃場制備前の水利形態(水田の水口や排水路，用水路)を地図に書き込んでいくという作業であった．私たちが調査にはいった北落区でも，農地の現況は圃場整備によって一変している(図5-3)．そのためこのような方法がとられたのである．

　研究がスタートした1999年当初の調査では，圃場整備直前に作成された1／1000の現況図を広げて聞きとりをおこない，その情報を地図に書き込んでいくというものであった．しかし，2年目からはデータをGISソフト(Geographical Information System＝地理情報システム)を利用してデジタル化することにより，より効率的なデータの入力と修正が可能になった．さらに，3年目には，

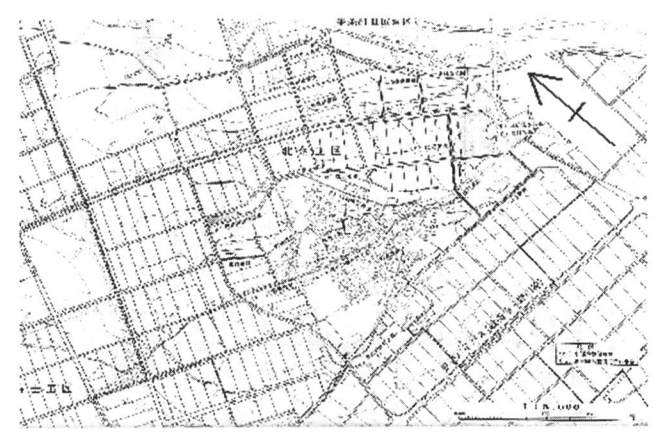

図5－3　北落区現況図(提供：甲良町役場).

地域の住民で構成される北落区の「むらづくり委員会」の協力によって，住民みずからが同じ地区の住民に聞きとりをおこなうという調査が実現した (図5-4)．その結果北落区における圃場整備前にあった水田景観が，デジタル化されたベースマップ上にほぼ復元されることになったのである (図5-5)．

　このデジタル化された復元図は，村落間のいわばマクロな水利形態に重点を置いてきた従来の農業水利研究と比べると，村落内部における詳細な水利形態に焦点をあてたことに特色がある．また耕作の体験をもつ多数の住民が参加したことで，既存の研究と比べても遜色ない精度で景観を復元し得ていると考えている．したがって，この復元図をベースマップとすることで，そこに水利慣行などの追加情報を入力して新たな農業水利史研究が可能になるなどの利用法もできる．また地域博物館にとって主要な事業の1つである展示製作には，資料としてこのような地区の内詳細な水利形態のベースマップは重要であるといえよう．

　しかしながらこの調査のなかで明らかになってきたことは，それまで個々の住民の身体にそれぞれ個別に存在していた「記憶のなかにある場所」に，不完全ながらも，ベースマップという「モノ」としての形態をもたせることができたことである．そのためこのベースマップは，住民同士あるいは研究者も交えた対話促進のためのツールとしても利活用できる可能性がある．たとえば共同研究者である脇田健一はその可能性を「"弱い語り"を支える調査」と表現している (脇田, 2001)．

　脇田が注目したのは，圃場整備が実施された北落区の農家による矛盾ともうけとめかねないような重層的な語りである．脇田はこの地区の圃場整備推進派農家の意見に注目している．それは「個人の財産 (水田) に行政が補助金をつけるのはこの事業しかない．今やらなくてどうするのだ」という意見である．このような意見におされて北落区農家も圃場整備に向かうことになったのである．それは北落区における農家の「生産性の向上」という実利主義を体現しているようにもみえる．

　その一方で脇田は，ある主婦が私たちに語った体験に注目している．この農家の主婦は圃場整備が実施されたあと「なぜ自分の畑のカボチャが実らないのか不思議に思っていた」という．しかし，しばらくした後に彼女は，花粉を虫媒する昆虫がいなくなっていることに気がつき不安を感じることになる (脇田, 2001)．脇田は，この2つの語りを土地の「空間」化と結びつきやすい「強い語り」と「場所」にねざした「弱い語り」に区別し，後者の個別性の高い特定の場所と結びついた「弱い語り」こそが外部から押し寄せる環境改変に対して地域社会が示す判断力と結びついているとしている．

図5-4　2002年2月23～24日におこなわれた北落むらづくり委員会による調査のようす(写真撮影：牧野厚史).

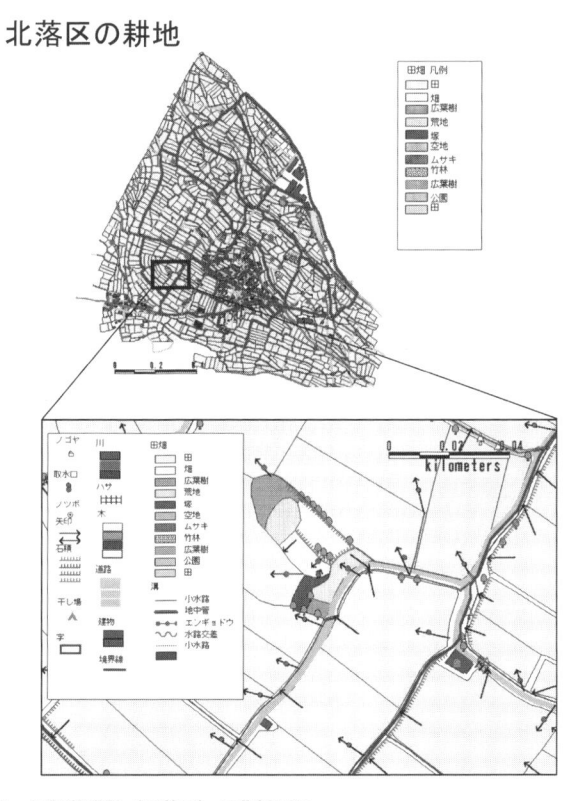

図5-5　圃場整備前（北落区）の農村景観.

第5章　記憶の中にある資料の保存　　93

その背景には，現在の甲良町が進める「せせらぎ遊園のまちづくり」が行政や住民によって停滞と受け止められている状況がある．このことをふまえて脇田は，その停滞の理由を「まちづくり」が停滞に向かったのは，記憶のなかにある場所と結びついた「弱い語り」と「まちづくり」という公的な理屈を結びつける論理を生み出せていないためであると推論している．つまり圃場整備による環境の改変から行政の関与する「まちづくり」へと向かう過程では，後者の場所の記憶と結びついた「弱い語り」が，村という公的なコミュニケーションの過程と意思決定の場から周辺化されてしまったからであるというのである．

　脇田は農家と研究者が「場所」についてやりとりしながら，住民たちの身体のなかにある場所の記憶と結びついた「弱い語り」を引き出す調査が必要となっていると考える．ここで作成するベースマップとはもちろん博物館の収集する資料でもある．しかしその資料の利活用を考える時，失われてしまった場所についての記憶を，住民たち，さらには行政や研究者を含めた外部の者たちが，情報を共有しながら対話的に検討しあうための道具となる可能性があると主張する．つまり「研究者と農家の双方が，イニシアチブをもち，相互に提案し疑問を提示するなかで展開していく」対話型の調査が必要とされているというのである (脇田, 2001)．

残された課題と展望

　このような調査は，住民の「記憶のなかにある場所」を博物館が資料として収集し，利活用する可能性を広げるものである．しかし，私たちの目標がすべて達成できたかというとそうではないという点についても，きちんと述べておく必要がある．というのも実際にはベースマップの作成から先に進むことは今のところできていないからである．その理由は２つある．第１の理由は技術上の制約条件であり，第２の理由はその資料を利活用する側の悩ましい問題があるからである．後者の悩ましい問題はどの時期の水田景観を復元するのかという課題，さらに利活用のための組織という２つの課題に分けられる．

GIS 運用上の技術的な問題

　この研究は，1960 年代以降急速に進められてきた圃場整備は農家にとってどのような意味をもっていたのかという問題意識からはじまっている．そのための作業として第１に，農家からの聞きとりにもとづいて農業水利を中心とする水利形態の地図上での詳細な復元をおこなうこと，第２に水利形態の詳細な復元図をベースマップとして利用しながら圃場整備への評価について農家との対話

型の調査をおこなうという2つの課題を設定した．

その際使用する GIS ソフトは，必要な個所のみを抜きだしたり，データを追加したりすることが容易であるというメリットがある．とくに個々人の体験にもとづく語りは，その人の場所に対する関わり方によって濃淡があり，自分たちの関わる水田とその周囲については取水口の位置もたいへん詳細であるが離れた場所では同じ村の水田であっても語りの密度は薄くなる．これに対して GIS は人々の個々の記憶をベースマップ上で合成し，その全体像を鳥瞰図的に示すことも可能である．

しかしそれらのソフトで作成されたベースマップは，まだ誰もが使いこなすことが可能な資料というにはほど遠いものがある．たとえば追加データの入力作業1つとってみても予備知識がない人でも即座にできる作業ではなく，パーソナルコンピューターやソフトの使用についての慣れが必要である．地図上に直接書き込む作業に比べるとまだその労力は大きいといわねばならない．その結果，GIS 上のベースマップの利点を使いこなすことができる人は今のところは限られざるを得ないのである．

どの時期の水田景観を復元するのか

この研究の手法では，土地に刻まれた「過去の時間の蓄積」である場所の記憶をベースマップ上に示すことが可能である．この手法は従来の農業水利研究の巾を広げることでもある．たとえば本研究の共同研究者でもある池上甲一が提案する農業水利研究の方向は示唆的である．池上は，水利構造の研究における「住民にとっての意味」の必要性を指摘する（池上，2000）．つまり，史料としての文献の解読と水田景観についてのベースマップを用いた住民との対話型調査との往還作業とは，水利構造に焦点をあてた住民による「生活世界の再構成」の可能性を探求することでもある．

しかしながら，どの時期の水田景観をベースマップ上に復元するのかは悩むところである．どの時期を選ぶかによって，抽出可能な農業水利構造の意味は異なってくるからである．戦前の昭和期を起点とするのか，それとも戦後の農地改革直後を起点とするのか，あるいは圃場整備直前を起点とするのかは，資料の利活用の仕方を決めてしまうことにもなる．この研究では，住民との話し合いの中で，地区の多くの住民の参加が可能な「圃場整備」直前の時期の水田景観の復元に重点をおいた．ただ，時期設定については他にも様々な考え方があり得るだろう．

利活用に向けた組織デザイン

　またこの研究は，圃場整備以前の農村景観について水田に焦点をあてて復元をおこない，学術研究および住民のまちづくりに利活用可能な博物館資料を収集することを意図している．しかしながら，資料の利活用というところまでを含めて考えるとすれば，作成された資料の意味はそれぞれの担い手の関心によって異っていることも意識する必要がある．このような違いを活かしながらベースマップを対話のツールとして利活用していくためには，利活用のための組織づくりまでが必要となってくる．

　たしかに琵琶湖博物館を含む多くの博物館では資料の収集と利活用についての部署をおいており，館内に収集された「モノ」については，データベースの作成から資料借用にいたるまで保存と利活用についてのそれなりのシステムが作られている．しかし通常の博物館事業では資料の利活用についての提案は，博物館という組織がおこなう展示あるいは学芸員および関係者による研究成果の公表までである．展示と研究成果の公表をこえた，住民たち自身による資料の利活用の提案やその組織の構築は，今のところ明確な方針が確立しているとはいえない．

　このような資料の利活用上の課題は，この研究を遂行していくなかで浮かびあがってきたものである．GISの使い勝手の問題，さらにベースマップの起点をどこにおくのかという問題は，作成された資料を誰がどのように利用していくのかという組織デザインの問題とも密接に関わっている．そのなかでも住民自身による資料の利活用をも可能とする資料の利活用のための組織をどのように構築するのかは今後の大きな課題である．

　この共同研究の事例地の場合，脇田の指摘する「弱い語り」を「むらづくり」の実践に活かすためには，住民にとっての意思決定の場所である「むら」という組織体の内外にまたがるコミュニケーションのありようを検討する必要がある．すなわち地域の環境をつくる活動における「むら」という組織体の役割とは何か，さらにその役割を自覚し尊重したうえでの地域博物館のはたすべき役割とは何かということが改めて課題となってくるのである．

博物館における「記憶のなかにある資料」

　この研究で明らかになったのは，環境の変化によって住民の身体にしか存在しなくなった「記憶のなかの場所」を，GISを用いて資料化する方法である[4]．住民の語る記憶にたよって圃場整備以前の水田景観をどこまで復元できるのかについて，私たちは当初から確信があったわけではなかった．しかし人々の語りをベースマップ化したことによって浮かびあがってきた景観は驚くべきもので

あった．畔畔木の位置から水田一筆の水の出し入れにいたるまでの景観についての情報を盛り込んだベースマップを記憶から作成することができたからである．またその中では水田という場所との関わり方について，それまでの聞きとり調査では難しかった，場所と結びついたさまざまな記憶を住民が語りはじめたことにも驚かされた．

　その点で示唆を与えるのは，琵琶湖博物館の学芸員である布谷知夫の提案である．布谷は博物館資料をそこから引きだすことができる「情報」によって整理するというアイデアを打ちだしている（第 1 章参照）．この分類にしたがえば共同研究でおこなわれた作業とは，もともとは「形をもっていない資料」であった住民の「記憶のなかにある場所」に対して，ベースマップという「形」を与え，誰の目にもみえるようにする作業であったといえる．

　もっとも GIS を用いた水田景観の復元には，博物館資料としていくつかの課題があることも指摘できる．なかでも誰がどのようにその資料を利活用していくのかという組織デザインの構築の問題は重要な課題である．この研究におけるベースマップの作成方法は，博物館の資料としての利活用は改良すべき点も少なくない．ただそれは住民が保持している場所の記憶の資料上の価値をいささかも損なうものではない．むしろ今後の博物館資料の利活用のあり方を探索する手がかりとなりうる事柄である．その作業は資料の内容ごとにその方法は異なることから，試行錯誤を伴う作業とならざるをえないであろう．しかし資料の利活用の促進ということを考えれば，資料の利活用のための組織デザインの構築というところまでを，博物館としては検討していく必要があると考えるのである．

注

1）場所と結びついた対象であっても，「モノ」資料の保存が全く不可能というわけではない．たとえば 1996 年に開館した琵琶湖博物館では，実際に利用されていた水場（カワト）を民家とともに博物館展示室に入れて公開している．ただし，これはいつでもどこでも可能なものではなく，限られたケースであると考えた方がよいであろう．

2）たとえば，西表島では，自然保護の観点から土地改良事業の一部中止をもとめた自然研究グループと農家との間に深刻な対立が生じているという（越智, 2003）．

3）もっとも秋津元輝は，農業用水がなお生活用水としての側面をもっており，こうした（農業水利の）役割は村落の全戸がかかわるだけに，農業水利に関する合意形成の際の 1 つの根拠となる可能性を潜在させていると指摘している．甲良町では，まさにこのことが現実となっている（秋津, 1998）．

4）この研究は，住民の記憶には資料化のさまざまな方法があるということを示そうとしている．いわば，記憶についての研究の幅を広げる試みである．したがって，聞き書きによる記述という方法とこの研究によるデータベース化の方法論の優劣を競う意図はなく，ましてや聞き書きという方法を「科学化」しようとする試みなどではないということを強調しておく．

参考文献

秋津元輝 1998. 農業生活とネットワーク. お茶の水書房 東京. 294pp.

池上甲一 2000. 農業水利研究を通じて. エコフロンティア 5 生態学研究センター 京都 pp 44-45.

嘉田由紀子 1995. 生活世界の環境学　琵琶湖からのメッセージ. 農文協 東京. 320pp.

丸山康司 1999. 獣害問題の環境史－共的関係の構築への課題. ライブラリ　相関社会科学 6　歴史と環境 pp 245-267.

水野 章 2004. 中世村落の構造と景観. 日本史講座第 4 巻　中世社会の構造. 東京大学出版会. pp 139-166.

守山 弘 2000. 耕地生態系と生物多様性. 農山漁村と生物多様性　宇田川武俊編. 家の光協会 東京. pp 34-65.

『日本史研究』編集員会 1988. 特集にあたって. 日本史研究 310　特集　荘園遺構と歴史的景観. pp 1-2.

布谷友夫 2005. 博物館の理念と運営　利用者主体の博物館学. 雄山閣 東京. 234pp.

越智正樹 2003. 農地開発を巡る紛争における「問題」解釈の分析－沖縄県西表島の土地改良事業を事例として. 村落社会研究 10（1）pp 28-39.

鳥越皓之 1984. 方法としての環境史. 鳥越皓之・嘉田由紀子編. 水と人の環境史. 御茶の水書房 東京. pp321-341.

鳥越皓之 1997. 生活環境主義の基本論理 環境社会学の理論と実践－生活環境主義の立場から. 有斐閣 東京. pp15-46.

脇田健一 2001.『体験と記憶』のなかにある場所－『弱い語り』を支える調査－ 社会学年報 30 pp 61-79.

第6章　資料情報のネットワーク化

橋本道範

　この章では，博物館資料の「地域の人たちによるより一般的な利用」を議論の前提とし，「地域の人たち」にとってどのような資料情報のネットワークを構築することが望ましいかという点について，歴史資料を素材として考察する．なお，博物館資料とは「博物館に収蔵された資料」のことをさすのが一般的ではあるが(青木,1999)，ここでは地域博物館にとっての博物館資料を，博物館の収蔵庫に収蔵された資料だけではなく，その地域に所在する資料すべてを博物館資料とする立場に立つ．

　博物館をめぐる議論の新潮流として，利用者の視点を重視する考え方がある(布谷,2005)．ではその利用者とは具体的にどのような存在なのであろうか．とくに博物館資料を利用する主体とは実際にどのような存在なのであろうか，あるいはどのような存在を想定して博物館資料の利用についての議論を組み立てればいいのであろうか．

　日本の博物館学および博物館研究においてはそもそも利用者を論じること自体が稀であったが，利用者を論じる場合においても来館者(観客)分析におおきく偏っているように見受けられる(倉田,1979)．そのうえ想定されている利用者像は，倉田公裕が「この人達(一般社会人—橋本注)は博物館に展示されたもの(資料)を見ることによって,歴史や芸術や或いは郷土の文化等に接し，自己の教養，知識を得，体験を深め，人間に対する関心をより深め，社会のよりよき成員となろうと努力しているといえよう」と述べるように，完全なる性善説に基づいたあいまいな利用者像なのである(倉田,1979)．来館者に限らず利用全般を論じた布谷知夫の議論も，「展示を見て意見を言い，博物館に情報を伝え，博物館に意見を述べ，資料を寄贈し，学芸員を利用しながら学芸員を助けてくれる」存在と想定されているだけで，具体的な利用者を示すことはない(布谷,2005)．いうなれば善意の利用者像が事例をあげられることもなく示されているのである．

　ただし，布谷の議論の中には「目的をもった利用」(目的がはっきりした人)と「「無目的」の来館」(とくに目的がなく博物館を利用する人)という二分類がある(布谷,2005)．これは滋賀県立琵琶湖博物館の「ついで様」と「その気様」という来館者の二分類を受けた議論であるが(嘉田,1998a,1998b;布

谷, 2001), 肝心の「目的をもった利用」の中身について示されているのは, 持参したモノの名前を聞く人と卒業論文や同好会の原稿などを書く人が示されているにすぎず, 詳しい分析はなされていない.

このように来館者に対する分析は, 欧米の来館者調査の分析手法を導入して進みつつあるものの, その他の利用については実際の利用者の分析がなく, 博物館側が経験則によっていわば勝手に設定した善意の利用者像に基づいて論じているのが日本の博物館学および博物館研究の現状である.

しかしこれから博物館資料の利用論, とりわけ資料情報のネットワークのあり方を議論する場合は, その前提としていったい誰が資料を利用するのかという点をまず認識しておく必要がある. 明確な利用者像を議論の中心に据えない利用論は実践を前提とする博物館学にとって意味が乏しく, 高度な議論を組み立てていったとしても砂上の楼閣に終わってしまうのである.

そこでここでは, 誰が博物館資料を利用するのかを論じ, そのうえでその利用者にとって望ましい資料情報ネットワークとはどのようなものかを論じる. ただし, 博物館資料の利用者を統計(学)的に論じることはできないので, 対極にある2つの具体的な利用者群を措定して議論をおこなう. 1つは「地域の人たち」であり, もう1つは「悪意の利用者」である. そのうえでこの両極に位置する利用者群を前提とした資料情報ネットワークのあり方を論じていく.

なお, ここでは具体的な検討素材として歴史資料を選択した. その理由は博物館資料の利用にあたってはいくつもの課題があるが, 歴史資料はもっとも難しい課題をもつ資料の1つであると考えているからである. 課題とは, たとえば, 歴史資料には所蔵者がいて所有権が設定されていることである. また, 取り扱いには専門的な訓練が必要であり, 訓練を経なければ読解することができない. どこに資料が所在しているのかわからないなどもある. 分野の違いによって資料の利用のあり方は当然異なるが, この利用にとって高い課題を有する歴史資料について議論すれば, 博物館資料全体についての利用論の中核を構成できるのである.

「地域の人たち」の利用—「集落誌」の編纂—

これまで博物館などにおいて歴史資料の利用者はどのように想定されてきたのであろうか. この点については, これまであたりまえのように考えられてきたためか, 議論がじゅうぶんになされていないように感じられる. すなわち, 当然利用者は研究者であり, その他博物館・資料館・文書館など史料保存利用機関(以下, 「博物館など」とする)の関係者が利用するものと暗黙のうちに想定されて

きたように見受けられる.

　後に取りあげる国文学研究資料館の「史料所在情報・検索」システムの利用資格を見てみると次の通りである.

- 文書館をはじめとする史料保存利用機関や関連機関(図書館, 博物館), さらには自治体史編纂室の職員
- 学校の教員及び調査研究機関の研究員
- 大学の学生及び大学院の院生
- とくに史料館長が適当と認めた者
  ただし, 本システムは研究利用を目的とした試験公開ですので, 研究目的を明確に提示していただくことが必要です.

　これはあくまで試験公開ということであるが, 史料保存利用機関の職員, 研究者, 学生・院生が利用の対象であり, 一般の利用は想定されていないのである.

　なお,「史料館長が適当と認めた者」については内規や許可の実態は公表されていない. したがって一定の留保をせざるをえないが,「史料所在情報・検索」システムを中心に主導してきた山田哲好はシステム構築の目的を疑いもなく明確に研究に設定しているので, 一般の利用は想定されていない(山田, 1991).

　以上のように, 暗黙のうちに研究者と史料保存利用機関をおもな利用者として想定してきた歴史資料の利用について, 新たな利用者群の存在を想定する必要があるというのが私の主張である. それが「地域の人たち」であり, 具体的には「集落誌」の編纂者・執筆者である.

「集落誌」とは,「地域の人が主体となって地域の歴史や文化をまとめたもの」と定義する. 発行主体は大きく個人と町・丁・大字の自治会とに大別され, このなかには行政機関が編纂・発行した刊行物は含まない. また, ここでいう地域とは何かという点が問題となるが, 定義の背景には鳥越皓之の「小さなコミュニティ」論を念頭においている(鳥越, 1997). したがって町・丁・大字を中核単位としたコミュニティの刊行物が「集落誌」の中心に位置するが, 学区やより広い範囲の地区の刊行物も排除しない. ただし, 県域全体を対象に含むような刊行物は性格が異なるため除外した.

　滋賀県には2002年1月1日現在2363の町・丁・大字が存在する. 滋賀県立琵琶湖博物館では2006年6月16日現在町・丁・大字を超える広域を対象としたものも含めて「集落誌」421冊をリスト化し, うち246冊を収集している(橋本, 2002).「集落誌」の編纂・執筆は, 専門家の手によるものもあ

れば(六条区,1999),「地域の人たち」というよりも「郷土史家」の範疇に属する方によるものもあるが,いずれにせよ自治会や自治会が主体となった編纂委員会などによるものが毎年刊行され続けている.

こうした「集落誌」について,これまでまったく関心が向けられてこなかったわけではない.たとえば,奈良県の事例について整理した山上豊は,「「大字史」はそこに住む人々が村の歴史を知るために自分たちの手で編纂」したものと定義したうえで,「既存の市町村史ではふれることができない日常生活の細やかな点まで言及」したものと評価している(山上,1993).しかし,その一方で「史料がどんなに豊富であってもその扱い方や史料批判が十分に行われているかどうか」,「現在の研究水準や成果を踏まえた広い視野から叙述がなされているかどうか」と述べ,その水準に疑問を投げかけている.多くの専門家にとって,補助的な資料であることは認めつつも,研究の論拠となる資料にはならないというのが一般的な評価である.しかし,学術的に価値が低いからといって,社会的意義がないということにはならない.またほんとうに学術的に意義がないものであろうか.

滋賀県の「集落誌」を分析してみると,異なる2つのベクトルで編集されていることに気づく.1つは限りなく昔話に近いものもしくは昔話そのものであり,1つは限りなく自治体史と同様に通史に近づけようとするものである.前者は資料としての記憶を重視したもので,後者は資料としての記録を重視したものと言い換えることもできる.山上が評価したのは前者で,評価しなかったのが後者である.

このように,「集落誌」は,編纂の主体によって記憶か記録かほぼどちらか一方に偏って編纂されている傾向にあるが,ここでは滋賀県の「集落誌」のなかで両者のバランスがもっともとれたものの1つと考える『肥田町史』(肥田町自治会,1995)を取りあげ,「地域の人たち」による歴史資料の利用の実態を考察する.

『肥田町史』の目次は以下のとおりである.

 1章 史料でたどる肥田の歴史
  1.原始時代(主として弥生時代)—二千年前,ヒダの地には人が住んでいた
  2.古代(主として大和・奈良・平安時代)—宇曽川が造成したヒダの地にはロマンもあった
  3.中世(主として鎌倉,室町時代)—肥田は地方武士の拠点になった

4．近世(主として江戸時代)―城下町肥田は一農村に変身した
 　　5．近・現代(主として明治以後)―人々は生活・文化の光明をめざして歩みつづけた
 　2章　肥田にまつわる伝承
 　　1．寺社の由来と祭儀／2．夜回りの今昔／3．肥田のことば／4．肥田の昔ばなし
 　3章　肥田住民の想い出ばなし
 　　1．従軍記／2．遺族記／3．古老が語る思い出話
 　4章　新しい郷づくり
 　　1．新公民館の再建／2．町章・町木・町花の制定／3．明日の肥田をめざして

 　このうち，2章「肥田にまつわる伝承」，3章「肥田住民の想い出ばなし」が記憶によるもので，1章「史料でたどる肥田の歴史」が記録によるものである．なお，4章「新しい郷づくり」が叙述されていることは，地域の歴史性(歴史的アイデンティティ)をふまえた新しい地域づくりという「集落誌」の今日的意義を考えるうえで重要な点だと思われるが，ここでは触れない．
 　『肥田町史』については，すでに小林隆による紹介がある(小林, 1996)．小林が，「『肥田町史』は，地域住民が，先人に学びながら，自分たちの手で，新しいまちを作ってゆこうという意欲を込めて作った，まちづくりのための郷土史」と述べるように，この『肥田町史』を編纂したのは10人の編集委員である．いずれも彦根市肥田町の住人であり，まぎれもない「地域の人たち」である．あとがきに「編集に際して，古文書の読解に彦根市史編さん室の各位，彦根城博物館学芸員，増尾弘氏，藤野宗典氏，栗東歴史民族博物館長宇野茂樹氏，滋賀文教短大講師藤井五郎氏など多くの方々の御協力を頂いたことに対して心からお礼申しあげたい」とあるように，史料保存利用機関や多くの専門家が編纂に関わっている．しかし，編纂の主体はあくまで「地域の人たち」であるといってよい．
 　このことは資料の収集の方法にも表れている．あとがきには次のようにある．「町史編集に当っては，資料収集が一番の重要な課題であった．そこで先ず町民各位に広く資料の提供を求め，旧公民館において歴史資料展を開いたところ，町内から古文書，絵図，民具，写真など多数の出品があり，大きな成果を収めた．このことがきっかけとなって，町史編さんに対する理解と興味をもっていただくことができた．
 　幸い肥田には思ったより豊富な資料があった．城主の菩提寺であった崇徳寺

からは，数多くの古文書，絵図が，旧家からは江戸時代を中心に多くの資料が，また往時の行事・催し・生活の様子などの文書，写真なども提供され委員一同も更めて意欲を盛り上げたものであった.」(肥田町自治会, 1995)

現在は滋賀大学経済学部附属史料館に所蔵されている「成宮家文書」の利用もされているので(同書88頁)，地域で収集された資料のみで構成されているわけではないが，上記のあとがきに端的に表れているように，この「集落誌」で利用された資料収集の主体も「地域の人たち」であったといえる.

資料の利用方法については，まず古文書などを写真で紹介している. 写真については史料の保存利用機関から提供されたと考えられるものも含まれるが(「崇徳寺文書」，「成宮家文書」など)，たいていはコピーを利用したものと思われる. また，内容を現代語訳(「現代文」)にしてわかりやすく述べている点が大きな特徴となっている. そしてなかには，「「乍恐(おそれながら)」といいながら，ズバリもの言う肥田村人」というような，専門家には思いもつかないような「地域の人たち」ならではのユニークな表現もみられる. こうしたユニークさは，専門家の協力はあったものの，最終的な資料利用の主体があくまで彦根市肥田町の人々からなる編集委員の方々であり，「地域の人たち」であるといってよいことを示している.

以上のように，『肥田町史』のような完成度の高い「集落誌」が「地域の人たち」を中心に作成されていることは重要である. 今後の歴史資料の利用論は，こうした「地域の人たち」による利用を議論の前提に据えて構築されなければならないのと考える.

「悪意の利用者」

国文学研究資料館の事例で見たように，これまでは暗黙のうちに歴史資料の利用者は研究者であるということが前提とされてきた. しかしそれにくわえて今後は「地域の人たち」による利用を前提とするべきであることを主張したのであるが，それに基づいて歴史資料の利用論を議論する前に，もう1つの利用者群の実態について議論しておく.

これまでも歴史資料をめぐり懸念される利用については注意が払われてきており，その代表的なものが古物商の利用(売買)，古書・古美術市場への散逸の問題である. とくに，2004年の新潟県中越地震などの災害時の古物商への散逸についての懸念が表明されている(産経新聞新潟版2004年11月9日web版など).

表6-1は，滋賀県立琵琶湖博物館が把握している2005年度の滋賀県に

関連する地域に所在した古文書などの散逸状況である．歴史系博物館ではないため把握している資料の散逸は氷山の一角であろうが，少なくとも毎年度10件程度の地域の歴史資料が確実に滋賀県から全国市場に流出していることは確かである．また，散逸は家単位の文書(個人財産)が中心であるが，共有文書も含まれることに留意しておく必要がある．

地域の文化財を保護していく立場からすれば，散逸と関わる古物商を資料の利用者と位置づけることに抵抗を覚える向きがあるかもしれない．しかし古書・古美術業者も知的資源の循環という社会的機能を担う存在であり，資料の利用者として冷静に分析の対象とする必要がある(地域資料の事例ではないが，古書業者による歴史資料収集の実態については，反町茂雄の著書(反町，1992)などが参考となる)．しかし，近年こうした合法的な営利活動をおこなう利用者とは本質的に異なるどうしても容認できない利用者群が台頭してきている．それが以下に分析する「悪意の利用者」である．

表6-2は神奈川仏教文化研究所のホームページ(http://www.bunkaken.net/)に掲載された「盗難文化財」の情報を盗難発生日順に並び替えたものである(2006年9月22日現在)．掲載された事例は彫刻(仏像)などの美術工芸品関係がほとんどである．これは実際の盗難が仏像に集中しているのか，仏像の盗難を中心に掲載されているからなのか定かではないが，これまで得ている新聞報道などから前者であるものと推測される．実際，滋賀県教育委員会事務局文化財保護課が把握している2003年度以降の盗難事件のほとんどは仏像，神像など美術工芸品である．

表6-1 滋賀県関係散逸古文書(2005年度のみ).

資料名	点数	資料年代	目録年月	目録名	目録内番号	備考
近江国蒲生郡上畑村文書	一括(60冊・約120枚)	享和頃より	2005年7月	明治古典会七夕古書大入札会目録	2025	宗門開帳・御物成書他
滋賀県高島郡 御米船積帳文書	一括(約14点)	元禄11・13年より	2005年7月	明治古典会七夕古書大入札会目録	2020	宝暦頃記録文書
近江国堅田庄 居初家文書	一括(約180点)	貞享年〜明治期	2005年11月	東京古典会 古典籍展観大入札会目録	1222	堅田中心東西絵図，御朱印願目録，山門御神事に関する蔚状，凶作に付舟持共夫飯米願書，堅田由緒申上候覚，郷土方之者へ申渡書他
近江国大津蔵橋町絞油問屋文書(水府御用掛他田家文書)	一括(約1000点)	—	2005年11月	東京古典会 古典籍展観大入札会目録	1223	大津油売買取締方仕法書，油記録，伏見大阪絞油取調，水府諸姓名，葵文庫，船旗他
近江国大津蔵橋町絞油会所文書	一括(約400点)	—	2005年11月	東京古典会 古典籍展観大入札会目録	1224	絞草油売買木屋仲十郎文書，株名前帳，取締印形帳，売買定他
近江国高島郡藤園村西川家文書	一括	享保〜明治初期	2005年11月	東京古典会 古典籍展観大入札会目録	1225	「覚日記」他，少虫，西川文仲(薬園・困学堂)草稿多数含む
近江国伊香郡 南富永山岡家文書	一括	江戸後期より	2005年11月	東京古典会 古典籍展観大入札会目録	1226	ガラス写真・医学書他，蘭学医山岡桃庵資料
近江国大溝藩藩士長野家文書	一括(約100点)	文政6年〜明治9年頃	2006年1月	思文閣古書資料目録第194号	53	四代徳川家綱黒印状一通・十二代家慶黒印状四通等

《凡例》本表は滋賀県立琵琶湖博物館歴史資料担当宛に送付していただいている古書・古美術目録のなかから，滋賀県関係の村方・町方文書を中心とした古文書を抜き出したものである．藩主関係文書などの武家文書は除いている．なお，本表は，山形佳恵氏(元滋賀県立琵琶湖博物館)が作成した一覧表を橋本が改変したものである．

表6−2　盗品文化財一覧.

	日付			盗難場所		盗品（文化財）	特徴	備考
1	1995	3	3	福島県	会津若松市 若松城天守閣	白銅三鈷杵	国指定重要文化財　磐梯町　恵日寺所蔵　1口　長さ24.1cm	11年ぶりに東京都内で発見された。(2006/8/8)
						銅造聖観音菩薩立像	県指定重要文化財　喜多方市　羽黒山瀉上神社所蔵　総高 27.7cm	同市に1億数千万円で買い取りを求めていた横浜市在住の男が盗んだものであることがわかった。(2006/8/17)
						銅造聖観音菩薩立像	県指定重要文化財　喜多方市　福聚寺所蔵　総高 33.6cm	
2	1998	7	9	岐阜県	大垣市野口一 宝光院	虚空蔵菩薩、勢至菩薩各一体、掛け軸四幅、茶釜一個	いずれも文化財指定を受けていない	
3	1998	7	24	岐阜県	大野郡丹生川村 住吉神社	護法神像	神像は像高79cm、文化財指定は受けていないが、高望王の神像として知られていた	
4	2000			和歌山県	有田郡吉備町 薬師寺	焼損仏坐像	平安中期　像高87.3cm・焼損のため、鞘仏として造られた再興本尊薬師如来坐像の胎内に納められていた。	薬師如来坐像、動明王立像は京都で発見。
5						薬師如来坐像、動明王立像		
6	2000	3	23	三重県	伊勢市	一色町公民館 能面3点、衣装7点	演目の一つ「翁舞」が国の選択無形民俗文化財に指定されている伊勢市一色町の「一色能」の能面や衣装	
7	2000	4	20	島根県	邑智郡邑智町吉郷 真言宗・弥勒寺	弥勒菩薩像1対	木製で高さは約一.六メートル。邑智郡誌（昭和十二年発行）には「国内第一の大尊像」の記述もある。	広島で押収の仏像、島根で盗まれた菩薩像の可能性（2001/8/17）
8	2000	9	15	長野県	千曲市森地区 信濃三十三観音6番観音時龍寺	聖観音菩薩立像	県文　平安時代　像高98.5cm	
						不動明王立像	市文　室町時代　像高105.5cm	
9	2002	1	19	京都府	右京区御室 仁和寺「御室八十八ヶ所霊場」	仏像30余り	各札所の祠（ほこら）の、本尊など計三十数体が盗まれる。現在は八十八ヶ所の祠の半数を上回る四十五ヶ所で本尊や弘法大師像が欠けている。	
10	2002	7	29	兵庫県	山南町小野尻 木杵島神社	観音菩薩立像1体、脇侍像3体、御神像1体	いずれも重要文化財などには指定されていない	
11	2002	9	26	福井県	三方町常神 常神社	四天王像3体	像高　150cm、木造で平安期の作	
						狛犬	町文　像高 阿形43cm、吽形44cm、木造で鎌倉前期のもの	
12	2002	11	17	愛知県	吉良町 長松寺	仏像3体	真珠院の仏像は吉良町指定文化財の「熊谷蓮生坊念持仏」など。	逮捕、これら仏像含め、36体を押収（2003/12/4）
					真珠院	仏像4体		
					弘法堂	仏像2体		
13	2002	11	17	滋賀県	信楽町 信楽寺	十一面観世音菩薩立像など		
14	2002	11	26	滋賀県	安曇川町常磐木 垂木山太子堂	太子立像1体	高さ約40cm、文化財には指定されていない	
15	2002	12	4	滋賀県	中主町木部 真宗木辺派本山・錦織寺	茶釜や掛け軸など104点	滋賀、石川県など6府県でよらいやびょうなどの骨とう品約1万点を盗み、逮捕と指名手配	
16	2003	3	18	兵庫県	高砂市 鶴林寺	「聖徳太子絵伝」6幅、「阿弥陀三尊像」1幅	国の重要文化財	逮捕一部押収・掛け軸「絹本著色阿弥陀三尊像」韓国中部大邱市の寺で見つかった。「釈迦三尊十六善神」は見つかっていない。(2004/11/1)
						「釈迦三尊十六善神像」	市指定文化財	
17	2003	6	23	奈良県	奈良市大柳生町 夜支布（やぎう）山口神社	ご神体1体、火縄銃1点	素盞鳴尊（すさのおのみこと）像と種子島と呼ばれる古式銃の火縄銃	約3年前にもご神体の素盞鳴尊像と狛犬（こまいぬ）1対が盗難に遭っており、今回盗難に遭ったご神体はその際新作した像であった。
18	2003	6	28	滋賀県	水口町 大岡（だいこう）寺	仏像		
	2003	6	28	滋賀県	甲南町 饗蓮寺	仏像	計13体	
19	2003	7	3	鳥取県	岩美町宇治 長安寺	仏像3体	高さ30cmの木造観世音菩薩坐像のほか、高さ約50cmの仏像2体の計3体。いずれも年代や由来は不明で、文化財の指定は受けていない。	

	日付			盗難場所		盗品（文化財）	特徴	備考
20	2003	8	7	滋賀県	蒲生町鋳物師	竹田神社	仏像2体	この地を開いた蒲生稲寸三麻呂の夫婦像とされ、高さ約30cmの一木造りで、平安末期から鎌倉初期の作平安時代の作といわれ、国の重要文化財に指定されている	放置されたいた。無事戻る（2003/9/3）
21	2003	8	9	滋賀県	水口町嵯峨	玉泉寺	仏像6対、木魚、ろうそく立て	本尊の薬師如来立像（高さ87cm）など	
22	2003	9	25	滋賀県	西浅井町	腹帯観音堂	十一面観音菩薩立像	カヤで高さ1.6m。平安初期の作とされるが、文化財の指定は受けていない。	逮捕、京都で発見ほぼ無傷の状態で発見され、24日には観音堂に戻される。（2005/4/23）
23	2003	10	29	奈良県	御所市古瀬	巨勢寺跡（国史跡）大日堂	大日如来像（像高25cm 金属製）と弘法大師像（像高15cm 陶製）	いずれも江戸時代末期の制作で文化財の指定はなかった。	
24	2003	11	13	三重県	飯南郡飯高町	長楽寺	阿弥陀如来坐像	江戸後期、木造、像高約50cm、時価200万円相当	逮捕
25	2003	11	22	栃木県	宇都宮市	柳光寺本堂	仏像2体	江戸時代の仏像2体（計1200万円相当）	
26	2003	12	1	三重県	阿山町玉滝	共同墓地	墓石25基、菩薩像2体	地蔵菩薩像は像高約50cm	
27	2004	2	14	熊本県	球磨郡あさぎり町	釈迦堂	仏像3体	釈迦如来坐像（一木割矧造像高85.1cm）、文殊菩薩坐像（像高76.3cm 一木造 嘉元2年（1304）年）、普賢菩薩坐像（像高75.7cm 一木造嘉元2年（1304））いずれも平安時代後期 県文）が盗難にあった。	逮捕（2005/5/6）、釈迦如来坐像が戻る（2005/11/12）
28	2004	2	27	熊本県	球磨郡鹿央町霜野	別々のお堂	仏像2体	大日如来坐像（室町時代 像高約118cm）と不動明王像（江戸時代）	
29	2004	2	27	熊本県	球磨郡あさぎり町	東圓寺	仏像2体	薬師如来坐像及び薬師如来立像	
30	2004	2	27	熊本県	球磨郡あさぎり町	錦町土屋観音堂	観音菩薩像2体		
31	2004	4		静岡県	下呂市	市立小坂郷土館展示室	円空仏3体	菩薩像2体（像高36.5及び34cm）小坂町松尾八幡神社所有、月光菩薩1体（像高44cm）小坂町湯屋薬師堂所有	
32	2004	5		京都府	舞鶴市吉坂	吉坂阿弥陀堂	観音菩薩像3体	阿弥陀如来坐像、不動明王立像、毘沙門天立像（像高75～90cm）で、室町時代の制作であり、文化財の指定はない。	
33	2004	5	15	滋賀県	栗東市御園	善勝寺	仏像4体	木造千手観音立像2体と、同寺の中興の祖とされる勝光上人座像、釈迦三尊像で、いずれも江戸後期の作とされている。	
34	2004	7	31	京都府	宮津市岩ヶ鼻宮山	日吉神社	仏像2体	市指定文化財の男神坐像2体で、それぞれ平安時代後期（像高65.4cm）と、鎌倉時代の制作	
35	2003	8	3	三重県	多賀町青山町	多賀町青山町	仏像6体	胎蔵界大日如来像（像高約82cm）や弘法大師像（鋳造 像高50cm）など6体。盗まれた仏像6体はいずれも文化財の指定はなかった。	
36	2004	8	11	香川県	綾歌郡綾上町	金蔵庵	仏像3体	本尊の大日如来像と阿弥陀（あみだ）如来像、釈迦如来像の三体	
37	2004	11	22	栃木県	宇都宮市柳田町	柳光寺本堂	仏像2体	江戸時代作	
38	2005	1	15	滋賀県	草津市下寺町	浄土宗宗栄寺	仏像4体	木造の菩薩像（像高約10～30cm）で、制作年代などは不明で文化財には指定されていない	
39	2005	3	17	宮崎県	宮崎市	市内の寺	仏像4体	歓喜天像など仏像4体	1体は同市内の古物店で見つかったが、残り3体は未発見
40	2005	4	3	滋賀県	大津市下坂本	若宮神社	狛犬一対	文化財指定は受けておらず、木製で、高さ約25～40cm	
41	2005	4	3	滋賀県	大津市下坂本	別の神社	狛犬一対	文化財指定は受けておらず、木製で、高さ約25～41cm	
42	2005	6	8	埼玉県	熊谷市今井	光照寺	仏像2体	地蔵菩薩立像（像高125cm 江戸時代）など2対	発見、逮捕
43	2005	6	10	岐阜県	関市上之保	鳥屋市不動堂	仏像21体	江戸時代の仏師・円空（1632～95年）が制作した。この内19体は、市の重要文化財に指定されており、円空仏の中で唯一の女性の像である尼僧像も含まれている。	
44	2005	9	4	島根県	出雲市別所町	鰐淵寺	絵画2点と書、文書2点の重要文化財4点を含む計13点	内重文指定のものは、「絹本著色一字金輪曼荼羅図」（鎌倉時代）、「紙本墨書後醍醐天皇御願文」（鎌倉時代）縦54.5cm×横50.5cm、「絹本著色山王本地仏像」（室町時代）、「紙本墨書頼源文書」2通（鎌倉、室町時代）の4点	
45	2005	9	18	福岡県	うきは市吉井町福益	袋田不動尊	袋田不動明王	像高さ約1mの木像。不動信仰のシンボル	
46	2005	11	10	東京都	中野区	荒井薬師	仏像2体	両脇侍日光菩薩月光菩薩像（木造 像高70cm）の木像	逮捕。（2006/2/17）

第6章　資料情報のネットワーク化

	日付			盗難場所		盗品（文化財）	特徴	備考
47	2005	11	11	京都府	加茂町 岩船寺	普賢菩薩騎象像（重文）の木製の花飾り「末敷蓮華」	普賢菩薩騎象像は平安時代の制作で像高約80cm。花飾りは、蓮のつぼみと茎をかたどった長さ約9cmの棒状で、菩薩を乗せた象が鼻の先で巻いていた。	
48	2005	12	4	東京都	立川市 普済寺	仏像	物外可什和尚像（木造 像高 80cm - 1995年に焼失した重要文化財像の模刻）	逮捕。(2006/8/21)
49	2005	12	7	奈良県	五條市車谷町 阿弥陀寺	仏像3体	阿弥陀如来立像など3体。仏像は文化財指定はない。	逮捕。(2006/3/4)
50	2005	12	13	東京都	台東区 寛永寺	仏像	衿羯羅童子、制咤迦童子（像高45cm）江戸時代	逮捕。(2006/2/17)
51	2005	12	22	東京都	台東区 西徳寺	仏像	親鸞聖人御木像（像高30cm）	逮捕。(2006/2/17)
52	2005	12	23	東京都	浅草 浅草寺	聖観音像	（木造 像高約70cm）。本尊の裏側にあることから裏観音と呼ばれている	逮捕。聖観音像は右手の人さし指が欠けていた。(2006/2/17)
53	2005	12	30	京都府	京都市北区 大徳寺塔頭・龍源院	碁盤、火縄銃など	家康と秀吉が対局した際に使われたという由来が残り、四方に蒔絵を描く他、碁石を入れる碁筒には両者の家紋である葵と桐の紋が入っている。また、火縄銃は長さ約150cm、重さ約10kg。銃床に天正11年（1583）9月9日の墨書があり、製造年代が特定できる国内最古の火縄銃として知られる。	昨年4月、展示中に盗難に遭ったが、今年3月に犯行グループが逮捕され、11月に無事に返還された。
54	2005	12	31	滋賀県	栗東市六地蔵 大角弥右衛門さん方の薬師堂	仏像13体	木造の薬師如来坐像（像高さ約50cm）と、十二神像の計13体。文化財には指定されていないが、薬師如来坐像は室町時代の作、十二神像は江戸時代のものだと伝えられている。	
55	2006	1		広島県	福山市草戸町 明王院	不動明王立像	台座を含めて高さ約125cmの不動明王立像で、寄木造。室町時代の作	逮捕、押収。押収時は、両腕が取れ、光背の火炎部分がバラバラになっていたが、元通りに修理され本堂に安置された。(2006/5/23)
56	2006	1	27	長崎県	対馬町西泊 西福寺	経典170巻	県指定有形文化財の経典「元版大般若経」の一部。全599巻のうち170巻	
57	2006	1	28	京都府	東山区金園町 金剛寺	お前立ち	本尊青面金剛像のお前立ちは像高20cmで江戸期の作とされる。	
58	2006	2	5	奈良県	明日香村橘 橘寺	仏像1体	薬師如来像（像高さ80cm）平安中期の制作で文化財指定はなかった。	窃盗未遂。逮捕（2006/2/17）
59	2006	2	5	奈良県	斑鳩町 法隆寺	仏像2体	文殊菩薩像（像高74cm）五重塔初層に安置されている国宝の塑像群の仏像の模品品で、塑像で昭和初期に作られたといい、文化財には指定されていない。	逮捕（2006/2/9）
60	2006	3	17	大阪府	柏原市 田辺廃寺跡	7-8世紀の瓦やせん推定28点	東塔と金堂の基壇の一部が盗難。せんは縦30cm、横16.5cm、高さ9.5cmで、過去に出土したせんと同様に特別な文様や刻印はないとみられる。	
61	2006	5	5	滋賀県	栗東市 常勝寺	仏像4体	平安時代末期の作とみられる高さ65cmの地蔵菩薩立像や不動明王像など	
62	2006	5	22	神奈川県	鎌倉市山ノ内上町 第六天社	仏像5体	本尊の第六天像（像高約30cm）と四天王像（像高約19cm）の計五体で、江戸時代の制作で文化財には指定されていない。	
63	2006	9	3	神奈川県	鎌倉市大船 熊野神社本殿内	神像5体	市指定有形文化財の神像5体。「熊野権現坐像」（像高28.6cm）、「随身半跏像」2体（像高36cm）、「狛犬像」2体（像高18.9cm）	

《凡例》本リストは、神奈川仏教文化研究所のインターネットページ（http://www.bunkaken.net/）に掲載されている「盗難文化財」の記事を盗難発生日順にまとめ直したものである.2006年9月22日分までの情報を掲載した。本リストの作成は大島輝美氏（滋賀県立琵琶湖博物館）がおこなった。

　また，あくまで目安にすぎないが，2002年までは一桁台の件数であったものが2003年から二桁の件数となっており被害の拡大の様相を示している。2003年12月1日の記事（表6-2 No. 26) には、「三重，滋賀両県では昨年から寺院の仏像が狙われる盗難事件が多発し，約200体が被害に遭っている」とあり，報道されない事例も相当にあるものと思われる．2003年11月の事件では逮捕された男女が，三重，滋賀，和歌山，奈良の4県で，管理者のいない寺社から小型の仏像などを盗むなど，前年初めから合わせて約330件の余罪を自供している（表6-2 No. 24の2003年11月13日の記事）．ただし，2002年11月26日には滋賀県教育委員会が県内各市町村教育委員会の文化

財担当者に対し，防犯・防火の強化を求める文書を送っていることからも，すでにこの時期に見すごすことができない状態であったと思われる．

　掲載された全部で 62 件の盗難事例は 25 都道府県にまたがり，そのうち滋賀県内の事例が 13 件を占めた．滋賀県が盗難事件の主要な舞台の 1 つとなっていることはあきらかである．滋賀県教育委員会事務局文化財保護課では 2003 年度で 12 件，2004 年度で 11 件，2005 年度は 15 件の盗難事件を把握しており，こうした事態を受けて滋賀県教育委員会では先にも述べたように 2002 年 11 月に県内各市町村教育委員会の文化財担当者に対し防犯・防火の強化を求める文書を，つづいて 2003 年 8 月には防犯対策の強化を求める文書を市町村教育委員会および「有形文化財所有者 (管理者)」宛に送付しているが，直後に侵入事件が起きたために同年 9 月に文化財保護課より盗難事件の発生を通知する文書を再度教育委員会の文化財主管課宛に送付している．さらに 2005 年 4 月には，文化財防犯啓発チラシ「かけがえのない地域の宝 文化財を守りましょう !!」1 万部の配布をおこなっている．このように文化財の盗難対応と防犯対策は文化財保護行政のなかでしだいに大きな位置を占めるようになっているのが現状である．

　表 6 - 2 では盗難文化財は彫刻 (仏像) などの美術工芸品が中心ではあるが，それでも島根県鰐淵寺の事例のように，古文書も併せて盗難にあった事例も見られる．また指定文化財は「あしがつきやすい」と避ける傾向にあるという (表 6-2 No. 15 の 2002 年 12 月 4 日の記事)．さらに驚かされるのは，公的機関の被害の事例である (表 6-2 No. 16 31 および 2006 年 9 月 15 日の記事)．もはや公的機関であっても安全とはいえない．

　では，いったいどういった人たちが窃盗をおこなっているのであろうか．表 6 - 2 のうち逮捕，指名手配，押収など，窃盗をおこなった人物・集団がある程度特定できる事例が 17 件ある．限られた記事からでは，その概要，全貌をあきらかにすることは不可能であるが，収集・コレクションを目的とした犯罪と売買を目的とした犯罪とに類別することは可能のようである．

「古美術品の収集家」で，東北，中部，関西地方でも神社や寺から文化財を盗んだ男性や (2006 年 8 月 17 日の記事)，「以前から仏像の盗みを繰り返していたが，転売するつもりはなく，個人的に欲しかった」と供述している事例などは前者に相当する (2006 年 2 月 9 日の記事)．1992 年から 96 年にかけて盗難を繰り返した男は，趣味で楽しむために盗んだと供述しているという (2006 年 9 月 15 日の記事)．

　一方，仏像を繰り返し盗んだとして逮捕された「無職の男と建築作業員の男」および「2 人に指示し，買い取っていたとして逮捕された「骨とう品店経営者」

(2003年4月30日の記事)，1998年～2006年4月にかけて，滋賀県内を中心に民家や寺院の土蔵に忍び込み，古美術品を盗み，盗んだ古美術品のほとんどを骨董市や古美術商に犯行の翌日に売った8人の窃盗集団(表6-2 No. 15の2002年12月4日の記事)などは後者の事例に相当する．

こうした窃盗団の分析については，新聞などの報道からだけでは限界があり，今後警察関係機関と協力しながら犯罪集団の構成，手口などについて分析を深める必要があると思われるが(すでに奈良県警では「文化財保安官」を配置しこうした活動を展開している)，その際どこから資料所在情報を得たのかという分析が欠かせない．そうした分析が警察関係機関ですでにおこなわれているかどうかは未確認であるが，資料所在情報のネットワークについての議論の前提資料とされるべきである．

これまでは博物館の利用者は善意の利用者であり，博物館資料の利用者も善意の利用者であるというのが暗黙の前提であった．しかし，文化財の盗難の事例は，今後の博物館は，善意の利用者と「悪意の利用者」と両方の存在を前提として活動をおこなわなければならない時代になっていることを意味しているのではないだろうか．これは歴史資料についてだけではなく，野外に所在する自然系の資料，とくに希少種などについても同様の事態が展開していると思われる．

資料情報の管理と公開

それでは，「悪意の利用者」の存在を前提としつつも，研究者などだけでなく「地域の人たち」による博物館資料の利用も可能となるような資料情報のネットワークはどのようなものであるべきであろうか．

なお，資料情報とは，史料所在情報，目録所在情報，目録内容情報などさまざまなレベルの情報が含まれるが，ここでは，どこに資料が所在するかという史料所在情報が最初に要求される情報であると考え，史料所在情報に絞って話を進める．

さて，史料所在情報のネットワーク化という問題については，国文学研究資料館の山田哲好の考え方・実践と文化庁の旧「文化財情報システム」(現在は「文化遺産オンライン」に吸収)の考え方・実践とに大きな相違がある点がたいへん興味深く，参考となる．性格が異なるので単純に比較することはできないが，もっとも大きな違いは，山田が各市町村，各都道府県の資料所在情報は中央の機関に集積され，公開されるべきであると考えているのに対し(図6-1)，文化庁の旧「文化財情報システム」は，各機関が作成したデータベースを「共

通検索システム」で結ぼうと考えている点である(高見沢,1996,1998).なお,横断型検索システムの構築は,近年研究と実践が国立機関を中心に急速に進みつつある(山本ほか,2005; 安達ほか,2005).

山田の実践事例については,すでに毛塚万里による根本的な批判がある(毛塚,1999).国文学研究資料館の経験を「過渡期ゆえの宿命」と位置づける毛塚の批判と考え方は,次の文章に尽くされている.「分散システムを基本とするWWWのしくみからすると,各機関や組織で作成した情報は,それぞれが独自にWeb上で主体性と責任をもって公開提供する体制さえ整えば,集中管理方式に伴う著作権や個人情報等の管理問題は解消する.セキュリティ対策上も望ましい.目録作成以後に生じた所蔵者と代替わりや所蔵の移動情報など,関係者でなければ追跡不可能な更新情報にも対応が容易だ.データを一カ所で集中管理しなくても,各館情報を横断して一元的に検索する方法も,〜中略〜実現可能である」.毛塚は他方で,継続的な独自の史料情報発信が困難な機関が存在する現実をふまえて情報のセンターとしての国文学研究資料館の役割にも言及しており,バランスのとれた議論となっている.

この毛塚の結論について私は賛成であり付け加えることはない.地域に密着し,所蔵者と信頼関係を築いた博物館等の史料保存利用機関とその職員が情報を管理し,可能な範囲で発信し,それを横断的にネットワークしていく分散型の体制とシステムこそが望ましい姿であると考える.

ただし毛塚も「提供者が予期せぬようなオンライン利用(悪用)も考慮した上での情報提供のあり方が必要なことはいうまでもない」と述べるように,「悪意の利用」を前提とした体制の構築が必要である.

この時,「オンライン申請方式にするだけでも不正利用防止の有効なハードルになり得る」(毛塚,1999)ことは確かであろうが,それはどの程度証明され

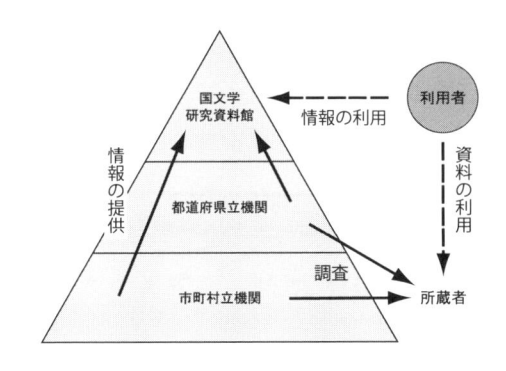

図6-1　国文学研究資料館の構想するネットワーク.

ていることなのであろうか．申請者が善意の利用者なのか「悪意の利用者」なのか，メールなどで送付されてきた申請書だけで判断することはきわめて難しいことである．結局のところは「人と人との信頼関係」に頼らざるを得ないのではなかろうか．

　ここからは試論になるが，資料所在情報のネットワークはこの「人と人との信頼関係」を基軸として，その連鎖によって構築・公開されるいがいにはないと考える．「人と人との信頼関係」に基づいた資料所在情報のネットワークは，必然的に史料保存利用機関相互のいわば閉じたネットワークとならざるを得ない．ここでいう「人と人との信頼関係」とは，資料の所蔵者と史料保存利用機関の職員との信頼関係にくわえて，史料保存利用機関の職員相互の信頼関係からなる．資料所在情報の把握は，地域資料に対して第一義的責務をもつ市町村の史料保存利用機関が中心となるものの，調査や展示などさまざまな経緯で所蔵者との信頼関係を築いた国・独立行政法人，都道府県，市町村，民間の諸機関などによってまずは所在情報のデータベースが構築されることになる．

　ではそれらの情報はどのようにネットワーク化されればよいのであろうか．

　第1の方法は，山田が取り組んでいる中央に情報を集めて，インターネット上で公開する方法であるが，この考え方は毛塚の考えに従って批判されている．第2の方法は，各機関が独自にインターネット上で情報を発信し，それを横断検索システムで結ぶ方法であるが，これは「悪意の利用者」にどう対処するのかという問題が残っている．

　そこで第3の方法として，「人と人との信頼関係」の連鎖という方法を提唱する．これは，それぞれが独自に資料所在情報のデータベースを構築するものの，インターネットで広く発信するという方法をとることはせず，信頼できる史料保存利用機関(とその職員)のみにその情報を公開するという方法である．その結果，研究者や「地域の人たち」を含めて利用者は，いずれかの史料保存利用機関を最初の窓口として，つまり人(職員)を介在させて資料所在情報データベースにアクセスすることになる．これにより窓口の業務は増えるものの，史料の利用状況も史料保存利用機関が把握できるようになるため，よりていねいな地域資料の管理が可能となる．

　さいわいこのような「人と人との信頼関係」の連鎖に応じたネットワークが築かれる技術的な環境が整いつつある．その一例が，VPN(Virtual Private Network)である．VPNとは，「インターネットや通信事業者が持つ公衆ネットワークを使って，企業の拠点間を仮想的に接続する技術の総称」(ネットワークマガジン編集部，2005)のことで，パブリックネットワークを利用してプライベートネットワークを実現しようというものである．この技術を利用すれば，信頼のおける

相手にだけ情報を提供することができる．一律に上から資料情報のネットワークを構築するのではなく，「信頼の連鎖」を構築していくような形での資料情報のネットワークの具体的あり方は，すべてがこれからの課題であるが，今後検討されていく1つのあり方と考える．

　以上，この章では「資料情報のネットワーク化」のあり方を検討するため，「地域の人たち」と「悪意の利用者」という両極端の利用の実態を提示し，それをふまえて歴史資料所在情報のネットワーク化に向けた1つの方向性を提案した．国文学研究資料館をはじめとする関連諸機関のこれまでのたいへんなご努力に敬意をはらいつつ，今後の議論の深化に期待したいと思う．

参考文献

青木 豊 1999. 博物館資料とは. 新版　博物館講座 5　博物館資料論. 雄山閣 東京. pp.3-6.

安達文夫・鈴木卓治・小島道裕・高橋一樹 2005. 資源共有化のための歴史資料データベースの Dublin Core へのマッピングの検討. 情報処理学会研究報告 76 pp 39-46.

嘉藤由紀子 1998 a. 開館一年をふりかえって─来館者アンケート調査を中心に─. うみんど 5 pp 4-5.

嘉藤由紀子 1998 b. 地域から地球環境を考える拠点としての博物館─第三世代の博物館の新たな展開をめざして─. ミュージアム・データ 41 pp 1-10.

倉田公裕 1979. 博物館学. 東京堂出版 東京. 280pp.

毛塚万里 1999. 史料所在情報の Web 上での公開をめぐって. 全史料協関東部会会報 46 pp 5-6.

小林 隆 1996. 語り部たちのまなざし─彦根市民の伝承活動を素材として─. 神戸大学史学年報 11 pp 72-84.

反町茂雄 1992. 一古書肆の思い出 5 賑わいは夢の如く. 平凡社 東京. 400pp.

高見沢明雄 1996. 高度情報通信環境の中の博物館・美術館. 文化庁月報 332 pp 6-9.

鳥越皓之 1997. 環境社会学の理論と実践. 有斐閣 東京. 280pp.

布谷知夫 2005. 博物館の理念と運営. 雄山閣 東京. 234pp.

布谷知夫 2001. 博物館資料と研究およびその利用. 博物館学雑誌 34 pp 11-20.

ネットワークマガジン編集部 2005. スッキリわかった！VPN. アスキー 東京. 231pp.

橋本道範 2002. 滋賀県立琵琶湖博物館第 10 回企画展示　中世のむら探検 ‐ 近江の暮らしのルーツを求めて ‐　展示解説書. 滋賀県立琵琶湖博物館 滋賀. 36pp.

肥田町自治会 1995. 肥田町史. 肥田町自治会 滋賀. 442pp.

山上 豊 1993. 県内における「大字史」刊行状況とその課題. 奈良民俗通信 24 pp 5-6.

山田哲好 1991. 史料所在情報のデータベース化. 地方史研究 230 pp 66-82.

山本泰則・中川 隆 2005. データベース横断検索のための民族学標本資料情報の Dublin Core による記述. 情報処理学会研究報告 76 pp 47-54.

第Ⅲ部　博物館資料の新たなかたち

第7章　参加型調査による資料収集

中島経夫

　近年，博物館を取り巻く社会的状況の変化のなかで，参加型博物館として利用者の視点にたつことをめざす博物館が多くなっている．琵琶湖博物館でも，利用者の視点たった博物館作りをおこなってきた(布谷, 1998)．このような博物館での資料論も，利用者の視点にたったものとなるはずである．本章では，琵琶湖博物館うおの会の活動を実践例として，参加型調査による資料の収集と活用についてとりあげる．

「うおの会」の活動

　琵琶湖博物館うおの会とは，魚とりが大好きな人たちが集まってできた組織である．この会は，魚とりを楽しむことが目的であり，その活動の結果として調査をおこない，そのデータにもとづいて環境のことを考えている．「うおの会」の沿革については，武田(2005)が詳しく説明しているので，ここでは，簡単にふれておく．

　滋賀県内の魚類分布の詳細な情報をえるために，1997年に組織された淡海淡水魚研究会が「うおの会」の前身である．この研究会は滋賀県内の魚の分布とその生息環境のデータを集めるのと同時に，魚類標本を収集することを目的に，博物館の研究者と博物館に集う魚のことに詳しいアマチュア研究家が集まって組織された．この研究会を土台に，2000年から琵琶湖博物館で立ち上げられた「はしかけ」制度により，県民に広く参加をもとめて琵琶湖博物館うおの会が結成された．「はしかけ」制度とは，琵琶湖博物館の活動理念を理解し，ともに琵琶湖博物館をつくっていこうという意志をもった方のための登録制度である．「うおの会」の発足当時は，研究者，アマチュア研究家，一般市民からなる組織であった．

　第1次調査として，滋賀県全域の魚類調査を実施した．琵琶湖の湖岸から集水域の魚の分布状況やその生息環境の情報を集め，魚類標本を作るための調査マニュアル(中島, 2001)をつくり，それにしたがって調査活動を開始した．その具体的な方法とその検討は，中島(2004)がおこなっている．ところで当初「うおの会」に参加した一般市民の魚に対する知識はさまざまなレベルであっ

たが,調査が終わる2002年までには魚のことについてめっぽう詳しいアマチュア研究家のレベルに到達するまでになっていた.

　滋賀県全域の調査が終わった後,2003〜2004年までの1年間,第2次調査として守山市内を流れる法竜川で定点調査を実施し,その結果を独自に分析して,第1次調査の結果とともに,琵琶湖博物館研究調査報告23号「みんなで楽しんだうおの会」のなかにまとめた(村上ほか,2005).その後,WWFジャパン,文部科学省子ども教室推進事業の委託を受け,琵琶湖お魚ネットワークの活動を展開した.この活動については,後でふれることにする.

博物館資料としての「うおの会」資料の収集

　博物館資料とは,博物館がその機能をはたすために必要なものと,それについての情報(倉田・矢島,1997),博物館の意志により収集された資料(有元,1999),博物館が本来の機能をまっとうするために必要欠くべからざるものであるとともに,博物館とそれを利用する人々を結びつけるもの(青木,1999)などと定義されており,博物館の目的や意志によって収集されたものである.また,収集された資料は,整理,調査,研究という過程をへて価値ある情報を引き出す手段を講じられることによって博物館資料となる(瀬口,1997).つまり博物館資料とは,研究のための情報あるいはそれを含んだモノであり,その目的にあうように収集されたものである.

　博物館の研究者と博物館利用者であるアマチュア研究家,一般市民が,魚とりを楽しむことで一致し,調査活動で得られる資料にもとづいて研究することを前提にして「うおの会」の調査ははじまっている(図7-1).つまり一般市民でもできる範囲で,研究に必要なデータが付随する標本,分析に耐えるだけのサン

図7－1　「うおの会」の調査風景.

プル量とデータを集めるためのマニュアルが作られ，それによって調査が開始された．

　淡海淡水魚研究会から「うおの会」の第 1 次調査まで，1997 ～ 2002 年までの 6 年間で，151 名が調査に参加し，2703 地点で，20 科 49 属 72 種 (亜種を含む) の魚が採集され，琵琶湖博物館に登録された魚類標本は 10917 点となった (琵琶湖博物館うおの会，2005)．この調査で採集された魚は，外来魚の種数が増えているため過去の調査記録 (滋賀県水産試験場 1915, 1963, 1996, 2004; 琵琶湖国定公園学術調査団，1971) を大きくうわまわっている．「うおの会」による調査と過去の一連の調査との違いは，後者は琵琶湖やその周辺の河川を対象にした調査であるのに対し，前者は琵琶湖湖岸から琵琶湖の周囲に広がる田園や都市に流れる水路や小河川を対象とした点である．「うおの会」の第 1 次調査では，採集された魚は，希少種や多数捕獲されたものをのぞき，すべて標本にされた．集められた資料は，魚の標本だけではなく，生息環境の写真，その標本についての採集日，採集地，その生息環境を示すいくつかのデータ (水深，水路幅，低湿，流れの有無など) である．博物館資料の一般的分類 (加藤，1977 など) にしたがうと，1 次資料である魚の標本と 2 次資料である標本に付随する情報を集めたことになる．どちらとも，当面利用可能な情報を得るために収集されている．

「うおの会」資料の活用

　また博物館資料とは情報であり，その情報がのった媒体はその種類によってさまざまな情報を隠しもっているものもあれば，比較的一面的な情報をもったものもある (布谷，2002)．「うおの会」の第 1 次調査では，さまざまな情報を隠しもっている魚の標本とそれに付随する情報を，目的に合わせて収集した．

　収集された資料，つまり情報のうち同定された魚種と採集地点のデータが最初に活用された．同一採集日，同一採集地点について，どの魚種同士が一緒に採集される傾向があるのかを統計的に分析するとともに，採集地点をデジタル化した地図上に表現してみた．このことによって外来種と在来種の関係があきらかにされた (中島ほか，2001)．さらに外来種と在来種との関係，生息環境との関係が分析され，外来種の分布を制限する要因があきらかにされている (水野ほか，2007)．このような利用のしかたは，当面利用可能な情報を集めることを目的に収集された情報の活用である．

　1 次資料の魚の標本には，当面利用されない多くの情報が含まれており，参加型調査で参加者が隠された情報を引き出して利用することはあまりないが，

その情報を引き出して利用することもできる．たとえば，生息環境と形態の差異との関係の分析をある魚種についておこなっているが，それは1次資料の特徴を活かした研究ということになる．

あくまで資料がもつ情報は研究に活用することが前提になっているが，それは研究者だけがおこなうものではない．「うおの会」の第2次調査は，第1次調査が終了した後，どのような調査をおこなうかを「うおの会」で議論し，法竜川の定点調査を実施することになった．研究者主導ではなく博物館利用者である「うおの会」が，その後の活用を考えながら調査の方法を決めて，1年間の第2次調査を終えて集められた情報を，調査に参加した人たちがみずから分析をおこなった．さらに定期的におこなわれた調査の他に，魚の越冬地を見つける補足調査を実施し，魚の生息にはどのような条件が必要なのかを示した(村上ほか, 2005)．これらの結果は，琵琶湖博物館の企画展示などで活用されている．

「琵琶湖お魚ネットワーク」と「だれでも・どこでも琵琶湖お魚調査隊」の活動

「うおの会」の調査活動が一段落した後に，新たな活動に取り組むことになった．それが「琵琶湖お魚ネットワーク」である．琵琶湖お魚ネットワークでは琵琶湖流域の地域NGO，企業，行政，学校，個人などによって，個々の流域でおこなわれている活動成果を琵琶湖流域という大きなスケールで集積し，流域全体の現状を把握することをめざした．そのための統一マニュアルをつくりそれにしたがって調査活動をおこなった．また調査した団体や個人に，その情報やデータが帰属することを明確にした．そこで調査データは整理され，各団体や個人に還元された．

琵琶湖お魚ネットワークで収集された資料は，1次資料である魚の標本はなく情報だけが集められた．魚の標本がなく同定結果を再度チェックできない状態で，素人の同定結果がどこまで信頼に耐えるのかという疑問に答えるために，上級編と初級編の2つのデータを集めることにした．初級編では，タナゴ類はまとめてタナゴ，フナ類もまとめてフナとし，むずかしい魚の分類を要求しないことにした．上級編と初級編の調査マニュアルをつくり，認定された上級調査員と小学生を含む一般市民のだれもが実施できる初級調査員が集めた資料は別々に集計された．

上級編と初級編の結果には，大きな差異は認められず，信頼に耐えるものであることがわかった．また初級編の調査結果の方が上級編よりも信頼できる結

果がでている．それは，上級者は，魚のいるところを知っていて，そこをねらったり，貴重な魚種をねらって採集をおこなったりする傾向がある．それに対して初級者は，ランダムサンプリングに近い状態で調査をしているという結果がでている．

　琵琶湖お魚ネットワークの活動は，2005 年からはじまり 2007 年で終了した．この 3 年間で集められたデータは，11748 件となった．その後，ネットワークの調査活動は，だれでも・どこでも琵琶湖お魚調査隊にひきつがれ，現在もデータを集め続けている．2009 年末の段階で，16000 件をこえている．これらの調査の特徴は，琵琶湖流域のさまざまな地域で活動する団体や個人を尊重し，整理したデータをそれぞれの団体や個人へ返却することにある．参加型をめざす博物館では，市民参加によって集められた情報を集積する場所としての役割がたいせつになる．さらに継続的に市民が水環境をモニタリングすることになり，そのモニタリングされた情報がいち早く研究者のところに伝わることになる．

参加型博物館の展望

　以上のように参加型博物館では，はじめは研究者からの提案にもとづいて調査がおこなわれたが，調査活動を通じて，素人から魚についてめっぽう詳しいアマチュア研究家になっていき，資料をどのように集めるか，あるいはどのような資料を集めるかについても，参加者が提案することになっている．

　魚類標本の場合，その標本が同定の参考として利用されることはあるが，そこに隠されている情報まで引き出して活用されることはほとんどなく，参加型調査に参加した人たちが利用するのは収集された情報だけであることが多い．

　琵琶湖博物館では，琵琶湖お魚ネットワークやだれでも・どこでも琵琶湖お魚調査隊の活動を通じて，「うおの会」の会員は広がりをみせている．それぞれの地域で活動している人たちが会員になり，魚についての知識を得るために「うおの会」の調査に参加している．定例の全体調査会には以前は 10 名〜20 名程度であった参加者が，最近では 40 名近くになっている．2009 年度にははしかけ制度に登録している「うおの会」の会員は 100 名をこえている．

　参加型調査によって，1 次資料としての魚類標本を収集しつづけることはあまり意味がなく，データだけを博物館に集積させることが必要になる．このような方法をとれば継続的に水環境をモニタリングすることができ，水環境の変化を研究者がいち早く知ることができる．これらの情報とその分析結果からあきらかにされたことを展示などの博物館活動に活用することもでき，環境保全への提言をすることも可能である．

参考文献

青木 豊 1999. 博物館資料の分類. 加藤有次・鷹野光行・西 源二郎・山田英徳・米田耕司編「博物館資料論　新版博物館講座 5」雄山閣 東京 pp 13-104.

有元修一 1999. 博物館資料とは何か. 有元修一編「博物館資料論　博物館シリーズ 2」樹村房 東京 pp1-11.

琵琶湖国定公園学術調査団 1971. 琵琶湖国定公園学術調査報告書. pp.313-330.

琵琶湖博物館うおの会 2005. 滋賀県内の魚類分布. 琵琶湖博物館うおの会編「みんなで楽しんだうおの会　身近な環境の魚たち」琵琶湖博物館研究調査報告 23 号 琵琶湖博物館 草津 pp 75-223.

樋口弘道 1997. 博物館資料論. 大堀哲編「博物館学教程」東京堂出版 東京 pp 67-84.

加藤有次 1977. 博物館学序論. 雄山閣 東京 263 pp.

倉田公裕・矢島國雄 1997. 新編博物館学. 東京堂出版 東京 408 pp.

中島経夫 2001. 魚類共同研究調査採集マニュアル. 中島経夫編「琵琶湖博物館資料目録第 5 号　魚類標本 4」滋賀県立琵琶湖博物館 草津 pp 158-161.

中島経夫 2004. 身近な環境を見つめて　琵琶湖博物館うおの会による魚類分布調査. 水環境学会誌 27(3) pp 156-159.

中島経夫・藤岡康広・前畑政善・大塚泰介・藤本勝行・長田智生・佐藤智之・山田康幸・浜口弘之・木戸裕子・遠藤真樹 2001. 滋賀県湖南地域における魚類の分布パターンと地形との関係. 陸水学雑誌 62 pp 261-170.

布谷知夫 1998. 参加型博物館に関する考察　琵琶湖博物館を材料として. 博物館學雑誌 23(2) pp 15-24.

布谷知夫 2002. 博物館資料としての情報. 博物館學雑誌 27(1) pp 1-11.

水戸基博・村上靖昭・高田昌彦・武田 繁・小西春次・辻 美穂・甲斐朋子・北村明子・中村和代・水野敏明・中島経夫 2005a. 魚つかみの楽しみかた　調査のしかた・魚のみわけかた（初級編）. 琵琶湖博物館うおの会 草津 32pp.

水戸基博・村上靖昭・高田昌彦・武田 繁・小西春次・辻 美穂・甲斐朋子・北村明子・中村和代・水野敏明・中島経夫 2005b. 魚つかみの楽しみかた　調査のしかた・魚のみわけかた（上級編）. 琵琶湖博物館うおの会 草津 32pp.

水野 敏明・中尾 博行・琵琶湖博物館うおの会・中島 経夫 2007. 琵琶湖流域におけるブルーギル（Lepomis macrochirus）の生息リスク評価. 保全生態学研究誌 12(1) pp 1-9.

村上靖昭・武田 繁・小西春次・琵琶湖博物館うおの会 2005. 宝竜川調査の報告. 琵琶湖博物館うおの会編「みんなで楽しんだうおの会　身近な環境の魚たち」琵琶湖博物館研究調査報告 23 号 琵琶湖博物館 草津 pp 41-69.

滋賀県水産試験場 1915. 琵琶湖水産調査報告. 第 3 巻 滋賀県水産試験場 彦根 196pp.

滋賀県水産試験場 1963. 琵琶湖水位低下対策（水生生物）調査報告. 滋賀県水産試験場 彦根 pp 31-43.

滋賀県水産試験場 1996. 平成 6 〜 7 年度　琵琶湖および河川の魚類等の生息状況調査報告書. 滋賀県水産試験場 彦根 177pp.

滋賀県水産試験場 2004. 平成 14 〜 15 年度　琵琶湖および河川の魚類等の生息状況調査報告書. 滋賀県水産試験場 彦根 136pp.

武田 繁 2005.「うおの会」の活動. 琵琶湖博物館うおの会編「みんなで楽しんだうおの会　身近な環境の魚たち」琵琶湖博物館研究調査報告 23 号 琵琶湖博物館 草津 pp 11-16.

第8章　博物館資料の新しい利用法

布谷知夫

　博物館の資料は，これまでもさまざまな形で利用されてきた．しかし資料を利用することについての議論は必ずしもじゅうぶんではない．そのために，これまでおこなわれていた利用についての議論についても，さらに整理をしておかなければならない課題がある．また，より博物館資料の利用の幅を広げることを考えた場合，これまでに述べられてきた資料の現地保存やネットワークなどの課題について，いくつかの具体的なケースを考える必要がある．

　ここでは，博物館資料は利用者が利用するという視点から，資料利用についての課題を整理し，その資料の利用方法などを整理することにより，博物館資料の可能性を大きくしようとするものである．

博物館資料の利用方法

　博物館には大量の資料が永久的に保存されている．そしてそれは研究に，そしてさまざまな用途に利用することを目的としている．しかし博物館においてはまず資料を整理・保存することが重要であるために，その部分だけが強調されて，利用についてはあまり議論がされてこなかった．博物館学の教科書においても，資料群の分類と保存のための技術が中心の課題とされてきたのはそのためである．しかし，今後は資料をどのように利用するかを考えることが重要である．それは，博物館自体が，住民に対してうまく利用してもらうという視点での運営が迫られるようになっているということでもある．そのためには，資料をできうる限り劣化させず，資料を保存することと矛盾をきたさないようにしながら，いかにして利用するのか，ということを考えていくことが必要となる．

　これまでは学芸員や博物館を利用する研究者が資料を利用するという場合がほとんどであった．しかし今後はもっと多様な利用者を想定して，利用したいと考える人に対しては，利用の道が開けるようにすることが必要になるであろう．そのために，まずこれまでにおこなわれてきた利用方法について考えてみる．

これまで行われてきた一般的な利用

研究上での利用

　これまでもっとも一般的におこなわれてきた利用であり，今後も増えてくるものと考えられる利用法である．博物館資料としては，ある意味では基本的な資料の利用であり，博物館活動全般につながっていく活動であることや，資料の価値を高めていく創造的な活動であるために，博物館としても，もっとも優先した資料利用というべきである．

　博物館の収蔵資料利用の例は前述のように，これまでは研究にかかわるものが多く，大多数の利用例は研究といえる．その場合にたいせつなことは，博物館の資料は使われることでその価値が上がっていくという理解をもつことである．博物館の資料は収蔵されているだけではその価値は変わらない．けれども博物館資料は研究され，論文に引用されることで，研究上に貢献した資料として，その資料価値を上げていくものである．

　たとえば植物の押し葉標本は，台紙に植物を貼り付けて，その台紙の上にラベルを貼り付けることが習慣になっている．そして，ある標本を研究に使ったり，誰かが研究しなおしてラベルの内容に関して，修正をした場合には，新しいラベルやカードを台紙に貼り付けていく．このようにして，一枚の台紙の上に，たくさんのラベルやカード，注意書きのメモなどが書かれている標本ほど，博物館資料として価値が高いといえる．博物館の資料は，利用するためにあり，研究に利用されて，その研究分野の水準を上げることができる．博物館の資料が，役に立つということは，基本的には研究の材料として役に立つということであろう．したがって，資料は使われれば使われるほど，その価値を増すということなのである．逆に使われることのない資料は，長期的な収蔵資料としては，将来に使うために収蔵されているのであり，必要な時にいつでも利用することができる資料として準備されているのである．

分布や形態研究の資料としての実物資料

　博物館にはなぜたくさんの資料が必要なのか，同じ種は1つあればいいだろうという話をよく耳にする．しかし大量の資料を保管して比較することではじめてわかることも多い．生物地理の分野や形態分類学のなかでも，その分布を調べてその分布の意味を考えることで，進化や発達史などの知見を得ることができたり，分類上の問題が解決する場合がある．琵琶湖博物館の例では，滋賀県内の魚の分布調査とその資料の保管にり，外来種であるオオクチバスやブルーギルが在来の魚にどのような影響をもたらしており，それはもともとの在来

の魚の分布域に，どのような影響が現れるのか，ということがわかった．またビワマスなど淡水性のマスの仲間の河川ごとの分布を調べ，その標本を比較することで，ビワマスの仲間の生活史の課題や分類上の課題についての議論をするような研究がおこなわれた．

　また生物は，同じ種の中にも，まったく同じ個体というものはないという認識である．遺伝子レベルでの差があるために，その表現形としての形態などに差が生じて，まったく同じ形の個体はないのである．そのため，ある種を認識するためには，その種の変異の幅を知ることが必要であり，そうしなくては，種というものは認識できないということになる．そしてその確認のための資料として同じ種の大量の資料の保管が必要となるのである．日常的にも，たとえば採集されてきた植物の標本の形態が既知のものと異なる所があり名前がはっきりしないような場合には，収蔵庫に管理している標本と比較して種ごとの差異を確認し，種名を確定している．

　あるいは考古学においても，土器や石器などの様式による編年のための資料や，民具の形態や利用方法などの地域的な差異など，あげていけばきりがないが，個々の資料を活用して研究するだけではなく，大量の同じ資料を集めて，それを比較研究することで，はじめて成果をあげることができる研究がある．

　このような博物館資料の問題は，個々の博物館資料を研究の材料にするというよりも，同じ種や類似した種などの大量の資料を比較することではじめて研究が進むという例である．また資料を収集しながら研究をする場合と，すでに博物館に収蔵されている資料を研究する場合とがあるが，いずれもそして研究が終わった後はその研究の証拠標本として，あるいは将来の研究の発展のために，資料一式を永久保管する必要があり，同時にその分野の研究がさらに発展するために，資料の追加も必要となる．

長期保存という利用方法

　資料を収集したときには特別な意味が生じていなくても，長期間保存していることで意味が生じる，あるいは資料価値がでてくるという場合がある．たとえば人の現在の暮らしにかかわる資料群である．また生物資料の場合でも，その資料群が，現代の自然環境を記録することにもなる場合がある．

　現在の人の暮らしについては，あらゆる情報が当たり前すぎて，資料としての価値を感じることができないが，たとえば50年前の時代に暮らした人は，おそらくその時代の資料や情報を当たり前のものと認識していたであろう．時間がたつことで，多くの情報は隠されてしまうために，収蔵されていた当時の資料は，ある時代を示すための博物館資料としても意味をもつようになってくる．

琵琶湖博物館に所蔵されている前野写真コレクションは8万枚を超えるコレクションであり，その多くは昭和30年代〜40年代のものである．その当時の風俗や景色などはすでに失われているうえに，写真というものが，撮影者が意図したもの以上の情報を取り込んでいるという性質のために，ある時代を振り返って，その時代のことを知り，さらに現代の自分たちと比較するための博物館資料として，ひじょうに貴重なものとなっている．民具，生活用具などについてもまったく同じことが言える．

　また生物資料についても，ある1つの資料は，そのラベルに記載されたときに，その場所に生息していたという確実な証拠であり，自然環境の変化などを考えるうえではなくてはならない資料となる．たとえば阿賀野川(新潟県)では水銀による汚染を確認するために，川の河川敷から伐採された樹木の各年輪の中に含まれている水銀の量を調べ，川の水にいつ頃から，どの程度の量の水銀が含まれるようになったのかを調べる研究がされている．このように他の目的で収集された資料の場合であっても，収集された時代をその資料のなかに含んだ資料は，時代を語る証拠として使われることがある．

学習用資料

　特別に学習用に準備した資料でなくても，その資料が学習用に使用されるという例は多い．学校の教室への出張授業に博物館からさまざまな資料を持参して，学校の授業とは違った実物を使った授業をおこなうという例はたくさんある．このような資料は，必ずしも学習用に準備したものでなくても，その保管や劣化に注意して学習用に使用することで，ひじょうに大きな効果をあげることができる．このような利用例はこれまでも博物館の現場ではあったのではないかと思われるが，ほとんど公の議論のなかではされていない．

　一方で学習用に資料を製作することもある．その多くの場合は複数ある資料の一部を学習用に指定して保管され，あるいはすでにある資料の一部を学習用のキットとして使用する場合がある．しかし，このような場合にも，学習用とはいえ，博物館の資料の一部であり，たいせつに保管し，通常の資料と同じように資料としての登録をおこなう必要がある．はっきりと学習用の資料という位置づけで，登録しないこともあるが，それはその資料の保管を考えず，最終的には廃棄を想定する場合でる．しかし博物館の姿勢としては，学習用とはいえ，実物の博物館資料を使用するという姿勢をもつことも必要であり，破損や劣化をしないように工夫しながら，資料を使用するべきである．

　ただし，最初から実物資料を使用することができない博物館資料について，学習用としてレプリカや模型などを作成して使用する場合がある．そのような例

については，学習用の備品としての取り扱いになる．

名前を覚える(確認する)ための資料

　学芸員の利用も，あるいは一般利用者による資料利用において，よく使用されるのは，名前を確認するための比較標本である．生物資料の同定の場合には，基本的には実物標本との比較によって種の名前を確認する．歴史資料においても，学習のために実物資料で確認するという場合はある．そのような利用に対しては，博物館資料の収集方針として，すべての資料を収集するという方針が加えられる必要がある．将来の利用のさまざまな内容を想定して，すべての種を収集保存しておくことが必要である．さらにそのような比較標本は，種の形態の多様さを考え，複数の収集整備が必要ということになるであろう．

　また研究利用ではなく一般の利用者からの資料閲覧の希望は数が多いわけではないが，存在する．そのような場合に，利用者が閲覧することができる，あるいは閲覧しやすいシステムを整備しておく必要がある．不必要に細かな手続きや，利用しづらいシステムを作るのではなく，利用する人ができるだけ気軽に，しかしたいせつな資料を利用しているということが認識できるような方法で，利用できるようにすべきである．一般の利用者が博物館資料を利用する頻度がひじょうに少ないのは，博物館の資料を利用することができることを利用者が知らないためである．それは博物館の側が，博物館資料を利用できることを知らせてこなかったためで，その理由はおそらく管理上の問題，あるいは人手の問題が考えられるが，使えないことが前提ではなく，うまく使うことを前提にして博物館資料管理の体系を考えることが必要である．

巡回展示や貸し出しなどのための資料

　巡回展示などのために，博物館から外に持ち出すことを目的とした資料の準備も考えられる．このような資料は，多くは特別な意味のある資料，よく知られている資料，大型の資料，そして人目を引くような資料である場合が多い．

　またそのような資料は，企画展示や常設展示で活用している場合や，日常的にも使用することが多い資料である場合がある．現実的には計画的に活用していくことになるのだが，理想的には，その用途により別途資料が準備できれば，より効果的な活用ができる．

　公の目的で資料を館外に出す場合にも，資料の破損や劣化に対しての配慮が必要であるとともに，そういった利用に消極的にならないよう準備をする必要がある．

加工や変更をしながらの利用

　博物館資料の利用について，その資料を利用しながら加工・更新をして，その資料の価値をあげていく利用である．

修復利用

　民具の利用に関して以前，琵琶湖博物館のギャラリー展示で展示してあった再現された古い機織機があり，その構造がまちがっているという指摘があった．それを契機にしてその構造の変更とともに，その機織機を実演できる形でワークショップなどに活用したという例がある．この場合には，実際の利用の方法などが不明のままのものでも，それを公にすることで，詳しい人からの指摘を受けて解明されることが可能であり，このような場合には，資料を保存）しておくだけではその意味が失われてしまうというのである．

　また国立民族学博物館では，それまで知られていたアイヌの機織機の構造について，関連した研究者全体が誤解をして理解をしていたことがあり，何がまちがっていたのか，なぜそういう誤解が生じたのか扱う展示会を開催された例がある．この場合も，展示されていた機織機に対する疑問から生じた動きであった．

　そういう意味では資料の公開は必要であり，民具の例のような使い方についての情報の公開，あるいは収蔵資料の写真や情報の公開により，その資料の意味などに新しい情報が付け加わり，誤りがわかるというようなこともある．

加工が必要な資料

　生物資料の多くは，博物館資料として収蔵するためにまざまな「資料化」の作業が伴う場合がある．土器の修復や古文書などにおいて，また遺跡からの出土品などについても，整理や保存のための作業として同様のことが言える．

　その例として化石のクリーニングという作業がある．化石の場合には，野外にある化石が単体で入手できるというケースは少なく，多くの場合は土や岩石ごと掘りとって，室内に持ち帰る．あるいは石膏などで固めて，持ち帰ることになる．そのため資料をクリーニングして化石資料として収蔵・利用できる形にすることが必要になる．このような博物館に持ち込まれた後，加工が必要で加工が終わってはじめて博物館資料となるような資料についてその位置づけが必要となる．

　またそのような資料の加工作業を学習的な材料として使用したり，研究者の育成のための材料として使用することもできる．これらは資料そのものを使用する前の博物館資料として収蔵できる形にする段階での資料利用の例である．

一次資料を二次資料として活用する

　一次資料と二次資料との違いについてはすでに論じられているが，一言でいうと，まだ利用できない情報を隠しもっているものが一次資料で，基本的には情報はすべて利用可能な状態になっているものが二次資料となる．これまでの認識では実物資料が一次資料，映像や記録が二次資料といわれており，一次資料の中から，人の記録や写真撮影，データベース化することにより，二次資料としての新しい利用価値を作りだすことができる．また遺伝子情報などの，これまでの技術ではわからなかったことが新しい技術の革新によって，二次情報として利用できる場合などもある．

　この場合，大量の情報を扱う場合や，劣化を考える必要がない資料として，二次資料の利用範囲はとても大きい．一次資料がもつ実体感は薄れるが，異なった効果的な利用方法である．一般的な展示や学習のための利用としても効果的である．しかし，個別の研究用としては二次資料では不可能な場合もある．

破壊的な利用

　博物館資料であっても，その収蔵目的がおもに研究である場合には，その利用が破壊的になる場合がある．破壊的な資料利用の場合には，その研究の結果生じた二次資料を博物館資料として登録する場合もある．

　たとえば電子顕微鏡による観察などがその例である．最新の新しい機械ではコーティングが不要なものもあるが資料の細部を観察するため，あるいは微化石のようなものについては電子顕微鏡を使い，その時には実物資料は失われて，作業台の上に加工した資料が残っていることになり，モノとしての博物館資料はなくなってしまう．この場合には，写真撮影された資料が，資料として残され，それが唯一の資料であり，研究上でいうところの証拠写真ということになる．

　DNAの分析でも同様に破壊的な研究方法がおこなわれ，最近ではとDNA分析用に別の資料を採集するような例もあるが，過去の収蔵資料を研究する場合には，破壊的な利用が避けられない．同種の資料の有無やその緊急性などにより，一定の判断が必要になる．

　植物のさく葉標本の場合には，台紙の上に花や実がついた標本が貼り付けられているが，研究の際に，花粉や実の構造，あるいは種子が必要となり，資料を破壊的に利用する場合がある．多くの場合では研究利用を優先させて採取した種子などは，袋に入れて改めて台紙の上に貼り付ける．

　また，木材資料の同定をする場合には，めだたない程度にカミソリで薄く傷をつけて顕微鏡で観察する必要がある．このような場合には，同定をおこなうこと自体が破壊的な方法になるという認識が必要となる．

このように破壊的な博物館資料利用の例はいくつかあり，博物館としての決まりを作ることや管理する学芸職員の考え方などを明確にしておくことが求められ，同時にそれを前提とした多量の資料収集をおこなうことが必要かもしれない．

博物館資料の新しい利用形態

博物館世代論の中の資料論

　伊藤寿郎 (1986) が整理した博物館世代論は，現場の博物館学芸員に対してひじょうに大きな影響力を与えた．それはおそらくはじめて，博物館の個別の技術ではなく，博物館は現代社会の中でどのようなものであるべきなのかという理想像と社会的な役割を打ちだしたことで，現場での目標がはっきりしたためであると考える．この文献は，博物館のすべての分野を扱っているために，博物館資料論として読むこともできる．

　もともと伊藤の議論は竹内 (1985) を再整理して書かれたもので，本質的には竹内の議論はすでに世代論の内容をほぼすべて含んだものであった．

　この議論は資料の収集を目的とした第一世代，展示を目的とした第二世代，そして市民参加型の第三世代というように言われた．そしてこの議論を資料論として捉えた場合，第一世代は普遍的な既存の価値が認められるような資料，すなわち個別に価値の高い財宝的な資料であり，珍奇品のようなものを資料として扱うということであり，第二世代はさまざまな資料にその価値が認められるようになり，第三世代では社会の要請や自分の関心において，資料の価値を発見し，作りだしていくということであり，個人が自分の関心のあるものを博物館資料とみなし，個人の関心においてその資料に対して向かい合い，博物館資料としての価値づけをするということになる．つまり特別なものではなくても，個人の経験や体験の中から，ふつうのものの中に価値を与え，それを博物館資料とするということである．

　博物館を利用者に開かれたものにする場合には，その資料の位置づけも異なってくる．特別なものではなく，ふつうの人がその生活の中で体験することを博物館として取り扱うためには，ふつうの生活の中にあるものを取りあげ，その価値づけをして，博物館資料として扱うことになる．のちに触れる回想法に使用するための資料なども，その種類のものといえる．もともと博物館資料は現代という時代を記録して後世に伝える，という側面をもつ．その役割を考えると，現代社会のふつうと思えるモノを収集して残す，ということは博物館的な作業である．日本ではあまり例はないが，1 軒の家の中のすべてのモノを収集して保

存するという，国立民族学博物館の収集と企画展示「2002年ソウルスタイル　李さん一家の素顔のくらし」は典型的な例の1つである．このような博物館資料のあり方を認めると，これまで博物館で考えてきた資料群とはまた異なる資料が浮かびあがってくる．

資料の現地保全の意味

　より多くの人びとに利用される博物館資料および博物館の地域での役割を考える場合，資料の現地保存という課題がある．琵琶湖博物館では地域の中で活用される博物館という理念を生かすために，従来の博物館資料論に対してより意識的に「資料の現地保存の考え方」と「博物館や類似機関，地域の施設などとのネットワークつくり」について議論がおこなわれている(第4章，第6章参照)．ここでは資料の現地保存について，改めて資料を利用するという意味での議論をおこなう．

　資料を地域に残すという場合には，「現実に持ち出すことが物理的に難しい」場合と，「移動可能なモノを現場に残す」という2つの場合がある．それに加えて，「移動させてしまうと，その意味が薄れてしまう」という場合が考えられる．

　物理的に難しい場合については，地層や大型の遺跡そのものの資料化ということが考えられる．どの場合にも，全体を移動させることはできないまでも，その一部であったり写真であったり，あるいはデータを組み合わせることで理論的に復元が可能なように資料化して保存をするということが行われている．このような場合には，実物を資料として保存するということの意味や，全体と部分との差がどの程度にあるのかなどという問題について，判断が必要となる．

　移動可能なものをあえて現地に残すという場合には，文化の独占集中を避けるという意味とともに，資料が現地にあることの積極的な意味をもたせることが必要となる．そしてあらゆる使用を博物館に収集しようとする「博物館的欲望」(荻野，2000)に反して，資料を現地に置くことに対する博物館としての意味合いも求められるであろう．

　このような移動可能な資料を現場で保存することの意味づけとしては，やはり現場での利用の可能性とともに，その結果として現場での利用による文化の発展・創造があげられるであろう．現地にあるからこそその資料の意味が高まり，その地域の中での求心的な活用が期待できる．

　過去にはヨーロッパ列強の国立博物館がその植民地からの略奪資料を国のステイタスとして，博物館展示物としてきたり，日本においても，最初の博物館づくりにあたって，帝国博物館は全国の社寺などから仏像や古美術を集めて，集中管理をおこなうことをめざしたという経過がある．また滋賀県の博物館で，

過去に滋賀県から出土した遺物を展示しようとすると，東京国立博物館から借り出しを受ける必要が生じる，あるいは貸し出してもらえないということが現在もよく話題になる．

　それに対して，とくに地学資料について，現地での保存を主張したのは，地学団体研究会(井尻，1969)が最初だと思われる．井尻は「地域のものは現地に保存」するのが当然として，権威による略奪に反対して，資料を現地に残すことで，地域での文化の育成につながることを主張した．その端的な例は，数千人が参加しておこなわれた野尻湖の大衆発掘であり，その結果，野尻湖博物館として形となった資料の現地保存が実践された．

　滋賀県でも1993年に多賀町でアケボノゾウの化石の発見・発掘が行われ，ほぼ一体分の化石が出土した．この調査には琵琶湖博物館の準備室が中心になったが，その化石については琵琶湖博物館の資料にするのではなく，多賀町の教育委員会で管理することを薦め，時間はかかったものの，多賀町立の新しい博物館の設置につながっていった．

　資料を現地で保存する場合には，その資料の劣化につながらないことを条件とする必要がある．しかしそのことをより強く主張することで，現地では保存できないということを前提として中央へ集中されてきたという現実がある．むしろどのような形で現地に保存するのかという視点をもって，資料を考えることが求められるである．

　この点については，化石や地学的資料の場合には劣化が起こりにくいので問題は小さいと思われるるが，必ずしもそうではない．やはり発掘によって，急速に劣化が起こる資料も多い．古文書や生物資料なども，それぞれのケースごとにその可能性を探りながら議論を進めることが必要である．

　琵琶湖博物館では博物館の収蔵施設がまだなかった準備室時代に，寄贈を受けることになっていた植物の資料を，現地(寄贈者の自宅の蔵)でそのまま保管していただいた．無理な移動をさせるよりは現地でそのままにおいておくほうが安全という判断からである．ただしこの場合には，整理の作業ができないために保存はされていても，博物館資料としての利用にはいたらない．

　移動させてしまうと意味が薄れてしまう資料には，民俗・芸能分野の資料があげられる．もちろん生物資料や古文書などについても，その地域の自然や暮らしについて理解をすることができる資料であり，現地に残してその地域で使うことでもっとも大きな意味をもつことにちがいない．しかし，民俗・芸能などの資料はその地域の暮らしを成り立たせるために執りおこなわれてきたことであり，地域で継続されることにより大きな意味があるはずである．

　そして博物館が関わることで地域の資料の掘り起こしにつながるような例は

各地で報告がされている．琵琶湖博物館では，現代ではほとんどその姿を消している琵琶湖独特の構造船である丸子船の復元の作業があげられる．丸子船は琵琶湖博物館の展示の中でも中心的な大型の展示物で，「湖と人間」という琵琶湖博物館のコンセプトを象徴する展示物として当初から計画がされていた．この丸子船は戦後直後以後は製作されておらず，その製造方法はもちろん図面などもないという状態であったが，戦前に何艘も作ったことがあるという松井三四郎さんという船大工さんがおられたこと，そして松井さんが船道具や船用の和釘などを一式保管しておられたことで，丸子船を木の伐りだしからすべて昔のままの方法で作ることができた．そして同時にその経過を映像と図面で記録するという事業がおこなわれた．松井さんの仕事には設計図などはなく，いきなり製材した木を切りはじめるというものであったが，結果としては記録とともに，作業を手伝われた息子さんに，その技術が伝えられることになった．

　このように現地で資料を保存するということにおいては，その資料の性質に応じて，整理しておかなくてはならないいくつかの課題がある．そして同時に，資料保存場所(施設)と博物館とのネットワークの整備により，より使いやすい状態を作っておくことや，博物館内での，レプリカなどの活用ということも考える必要がある．

遺跡の現地保存について

　資料の現地保存については，遺跡の現地保存が話題になる場合が多い．国指定の遺跡では遺跡公園が作られ，吉野ヶ里(佐賀県)や三内丸山遺跡(青森県)あるいは池上曽根遺跡(大阪府)のような大規模な公園化がなされる例が見られる．このような遺跡公園の博物館資料としての側面と，地域の博物館的な施設としての側面の両方を見ることが必要である．

　多くの遺跡公園では，指定地域が公園となり，発掘された住居などの復元がされて，発掘によりわかったかつてのその地域での暮らしの一部が復元され，同時に展示施設が作られて，発掘品が展示されている場合が多い．そして隣接した収蔵施設には，展示されていない数多くの発掘品が保管されている．このような遺跡公園は，博物館といえるのだろうか，あるいは博物館とは異質な施設なのだろうか．

　遺跡公園の目的は，日本史の中での遺跡の意味と価値を伝えること，そしてその遺跡自体を保存することである．もちろん遺跡というものは過去の暮らしなどの跡地であったり，現在は地中に埋まっていたものを掘り起こして，そこから得られる資料などから過去の暮らしを復元しようとするものである．したがって，個々の遺跡で伝えようとするのは，その個別の遺跡の日本史の中での位置であ

るとともに，その遺跡がある地域がどのような歴史をもつのかという地域の歴史であり，また地域の環境史でなくてはならない．遺跡公園は一般的な日本史や古代の歴史を伝えることが目的ではなく，現在もその地域に結びついたものなのである．

　そのように考えると，遺跡公園のあるべき姿も明らかになってくる．すなわち，どのような施設や構造物を作るにしても，地域社会の中で，自分たちが暮らす地域について考えることができ，遺跡を，ひいてはその遺跡を生み出した地域の歴史を誇りと思えるようなものとなることを第一義として考えなければならない．過去にその遺跡に暮らした人々がその場所を選び，その地域の自然地形や環境を活用して暮らしをはじめ，その地域の伝統があることが，現在のその地域の暮らしの中に生き続けているとはっきりと意識できるようなものでなければ，その地域の人にとっては遺跡としては意味を失ってしまう．

　遺跡公園の中に展示施設がある場合もあるが，一般的に遺跡公園自体が博物館であるのか，あるいはそうではないのかということは，逆に博物館をどう定義するのかということによって異なる．地域の博物館というものを仮に「その地域で暮らしていくことについて考えることができる場所」と考えると，遺跡公園の目的をどのように位置づけるかにより，遺跡公園は博物館であるとも，博物館ではないともいえる．ただ，本来は地域の遺跡は地域の博物館としての役割を果たせるものであるべきである．

　遺跡保存の1つの例として仙台の「地底の森ミュージアム」があげられる．ここは石器時代のキャンプサイトを中心とした周囲の発掘現場をまるごと加工して保存し，その上に大屋根をつけて遺跡をそのままで見ることができるという博物館である．遺跡保存の1つの成功例として評価を受けているという．多くの遺跡保存は，発掘調査のあとは現状保存として砂をかぶせた上うえ埋め戻している例がほとんどであり，掘った現場を見ることができる状態で保存するということは，発掘現場の理想とされてる．

　それでは現場保存をすることでわかること，あるいは地域社会に伝えることには何があるのだろうか．考古学の専門家以外には，「昔はここに人が住んでいた」，「こういう場所があった」，という以上わかることはほとんどない．したがって，現場保存をすることが，考古学上の証拠を目に見える形にしておくことの他に地域へアピールできなければ，現場保存には説得力はなくなる．博物館とは資料を保存するだけの場所でもなければ，展示するだけの場所でもない．あくまでも利用者がその展示や資料を活用することによって，自己学習の場となるのである．「地底の森ミュージアム」の場合には，その現場復元のドームの上部は展示室になっており，遺跡から発掘された石器や自然遺物をどのように研究し

て，古植生を復元したのかという興味深い展示がされており，また博物館としてもさまざまな事業を，地域での活動としておこなっている．このような出土資料を活かした研究や展示，地域活動こそ博物館としての活動といえるだろう．遺跡の現場をそのまま保存あるいは復元するだけでは，地域社会とのつながりはないに等しく，現場の保存をすることだけでは，地域との結びつきを表現することはひじょうに難しい．

現在の地域社会には，そこで長く続いてきた地域生活の知恵があり，それをたどっていくと遺跡があった時代の暮らしに環境が影響を与えていることがわかる．つまり地域に暮らす人々にとっては，ごく当たり前な習慣や現象，地域の決まりなどは過去の影響を受けており，現在を理解するためには，過去を振り返ることが必要となる．遺跡公園が地域において，地域の人々がみずからの暮らしを振り返ることができるようなきっかけを作る場となれば，まさに博物館としての機能をもった公園ということができる．

このように遺跡の発掘現場の保存・復元や，発掘品を現場で展示することは効果的であるが，逆にそれを公開しなくても遺跡公園としての機能がある．

遺跡の現地保存の場合には，現地保存の可否というよりも，その遺跡の発掘成果をどのようにして地域の人に使ってもらうのかということが重要であり，遺跡公園として運営するためには，遺跡の時代にこだわった復元展示や運営よりも，現在との結びつきを強く意識した運営の方がより望ましいと考えられる．

資料を現地保存することの意味を考えると，発掘された遺物を現地保存することは望ましいが，その遺物を使って展開できる地域とのかかわりがあってこそ，現地保存したことの意味合いが深められる．

資料がもつ役割を引き出す

博物館資料は，狭義には博物館に収蔵した資料ということになるが，博物館と地域との結びつきを意識すると，現地保存の例のように，博物館に運び込まれる資料以外にも，博物館とのかかわりによって博物館の資料として位置づけられる場合がある．さらに地域に残されたふつうのモノに，新しい役割が付け加わって，博物館とのかかわりが現れるような場合がある．

近年になって，昭和の時代を再現した博物館の展示が，高齢者にとって昔を思い出し，そのことで高齢者が元気をとり戻すことに役立っているという話がある．これは「回想法」と呼ばれ，欧米では老人介護の目的の中にそのような方法をとり入れることが1970年代頃からはじまっている．日本では，愛知県の北名古屋市歴史民俗資料館(町村合併により，2006年までは師勝町歴史民俗資料館)は，別名を昭和日常博物館と呼び，回想法をおこなう博物館として，古

い道具や写真などを持ち運べるようにした回想法キットの貸し出しや，町立の回想法センターの建設など活発な活動をおこなっている．また全国の各地で昭和30年代を扱った再現展示がおこなわれているが，その展示の意図は別にして，その展示が現場では回想法の材料として注目を集めている．そして同資料館の市橋 (2002) は，「来観者が発する言葉は，みずからの経験，記憶に基づいている．言い換えれば，博物館が多くの方々の記憶をも資料として扱うということになるのである．さまざまな暮らしの道具とともに，来観者の記憶が二次資料として蓄積され，資料の価値を高めていく．」と述べており，博物館の資料の新しい価値づけをおこなうことができる1つの例として紹介されている．

　高齢者にとって，この数十年間の変化の早さにはついていけない，あるいは家族の中でも高齢者のもっている知識や経験，知恵は役に立つことがなくなりつつあるために，高齢者自身が役に立たない人として無視されているような傾向がある．博物館の展示の中で昔を思い出し，普段忘れていたことを思い出し，また，それを人に伝えることで，さまざまな過去の情報を発信して，記録に残すことが博物館においてもおこなわれている．そしてこのような回想法は，おこなわれている多くの博物館ではイベント的な内容になっている．

　しかしこの回想法で使われている博物館の少し昔の資料類などは，従来の博物館資料としては異質な物ということができる．博物館資料を，研究のため，あるいは芸術的に，記録として何らかの価値のあるものと考えると，回想法に使われる展示資料は，まだ各地を探せばまだいくらでも見られる量産品であり，工業製品である場合が多く，そこに博物館的な価値を見出すことができるのかどうかは，民俗学では課題とされてきた．

　しかし，この回想法をさらに発展させた「なじみ環境」づくりという試みがおこなわれている．これは，高齢者にとって，その人生の中で個人的になじみの深かった生活空間を高齢者が暮らす現場に作ることで，介護をおこなおうというとりくみであり，とくに痴呆をもった高齢者にとっても効果的である．この「なじみ環境」の場合には，その環境は日常的に作られたものであり，個別には個人のライフヒストリーを調べることで，その個人にあった「なじみ環境」を作りあげ，あるいは施設などの場合には，ある世代の共通した「なじみ」を想定して環境作りがおこなわれる．たとえばある個人が若い時にしていた職業，家族構成，住んでいた地域の特徴や名物，好きだった趣味や歌などを聞きとり，それを思い出すことができるような写真や民具，生活道具，仕事の道具，レコードなどを準備し，暮らしの周りに置くことで，当時を思い出してもらうという活動である．

　このような「なじみ環境」を作る場合，そこに設置される「なじみ」のある

品物は，現在は確実にどこにでもあるようなものではない懐かしい品物であるが，まだ家庭などにはしまわれていたり，倉庫に忘れられていたりして，収集が可能なものばかりである．このようなふつうのモノ，あるいは倉庫から出してきて，もう古くて必要ないので捨ててしまわれるようなモノである．これは場合によってはゴミといってもいいようなものに対して，新しい役割をつけ加えて活用をすることができる1つの例である．

　このような「なじみ環境」づくりで使用されるようなモノを，博物館としてはどのように取り扱うことができるだろうか．役割をもつことができたモノは，広い意味での博物館資料の範疇に加えることができる．博物館は本来それぞれの時代の暮らしや自然を記録することにその資料の意味をもつ点があげられるが，現在あるいは少し昔のものも当然として博物館資料とされる．その際に多数を収集することができないために，同じものの一部だけを収集して，それは博物館資料として，その他のものは不要である，あるいは収蔵できないために博物館資料とはならない．しかし，そのモノはまったく同じであるうえに，地域の中でも新しい役割をもつことができるということになれば，モノに対する博物館の見方も変わるはずである．博物館資料とのかかわりをもちながモノを見ることができるはずである．

「なじみ環境」について実践している永田 (2002) は，「介護の場で，昔懐かしいモノで空間を彩っていけるか，…そこをつなぐ方法論を全国の高齢者施設と博物館のタイアップで開拓していきたい．」「福祉の根本的な考え方も含めて，博物館との協働は可能性も役割も大きいと確信しています」と述べ，博物館に対する期待を表明している．つまり「なじみ環境」づくりについては，モノの収集や所持についても，環境づくりということについても，やはり博物館が専門であり，技術が蓄積されているからである．そしてすでに各地の高齢者介護施設や高齢者痴呆介護研究・研修東京センターなどに，「なじみ環境」を体験できる部屋などが作られたり，デイサービス・センターを古い民家を改造して作り，そのセンター自体がなじみの空間になっているような所が作られはじめられている．

　このような例においても，現実には配置する資料などを地元の博物館から一時的に借り出すことがおこなわれており，現場からの博物館への期待と困惑も大きい．おそらく資料の劣化を考えると，このような場所への貸し出しは，博物館としては難しい．したがって，収蔵庫に収めて管理する資料以外の資料などを現実的にもつということが考えられる．博物館の貸し出しキットは各地で準備がされているが，その貸し出しキットの新たな考え方といえるのかもしれない．

　いずれにしても，ふつうのモノを博物館が資料として意識せざるを得ない例

であり，博物館資料の認識を広げて，地域のあらゆるモノが博物館資料として認識できることになる．このような認識をもつ時，博物館資料に対する認識は大きく広がる．地域の中の多くの物が博物館資料の一部と認識され，収蔵はしていないが，地域の中のどこにどういう資料があり，活用できるのか，ということが1つのネットワークとして形作られるであろう．

写真・映像資料の利用

　静止画(写真)や動画(ビデオなど)は，従来の博物館資料の中では二次資料として扱われており，その活用についてはあまり議論がされず，一般的に記録であるためにオリジナルナ情報をもたない資料としての価値が低いとみなされてきた．

　しかし，最近になって江戸時代後期薩摩藩主の島津斉彬を撮影した「銀版写真」が国の重要文化財に指定されたり(西日本新聞，2001)，幕末の京の商人である熊谷直孝を撮影したガラス湿板と鶏卵紙が京都市の有形文化財に指定されるなど(京都新聞，2001)，古い写真が国の文化財に指定されるというような動きもではじめ，写真が一次資料として扱われ，二次資料の価値についての見直しがおこなわれている．また，近年は専門の写真美術館や有名な写真家個人の展示館などもでき，博物館でも古写真の収集や写真展示などもおこなわれて，写真の意味が問い直され，改めて注目をされることで，博物館での写真資料の活用について新しい可能性が生じている．

博物館資料としての画像

　映像資料については，これまでずっと一次資料の記録として，二次資料と位置づけられてきたが，青木(1997)は民俗映像などにそこでしか記録されていない一次的な内容が含まれているために映像資料の一部のものは一次資料とするのがふさわしいとして，一次映像資料と二次映像資料とに区別する提案をおこなっている．おそらくこの提案は現実的なものである．図書において一次資料とされる図書と二次資料とされる図書があるように，映像についても同様に，資料の分類を形態だけでは決まらない．また，資料価値から分類をおこなう際には困難な場合がある．

　むしろ，含まれている情報の内容や量から考えると，映像にはその画面に記録されているほぼすべての情報が利用されているものと，現在は利用していない情報が含まれているものとがある．そしてこの区別は従来の一次資料(実物資料)と二次資料(記録資料)との関係と類似している．じつは多くの動画と静止画は，その画像のもつほんの一部の情報しか利用できておらず，どちらかと

いえば一次資料の範疇に入る資料の方が多い．すでに述べられているように，写真にはその写真を撮影した撮影者が意図したこととは別に，その背景や撮影内容などにその時代と社会を表現するものが写し込まれており，そのことはその撮影にはまったく意味のないことであったとしても，時間が経過する中で，新しい意味をもつようになる．

　なお，映像資料の場合には，その情報が載っている媒体自体が研究や保存の対象となる．しかしこれは比較的特殊な例であり，写真を専門とする博物館などにとっては，その「情報が乗った媒体」そのものが収集の対象となる資料であるということになるが，その問題はここではふれない．これは図書・文献資料において，古文書や希少本などのありかたと類似している．またここでは写真を芸術として扱う美術系の博物館資料としての議論はおこなっていない．

画像情報の利用形態

　写真資料の可能性を広げた理由の1つは利用環境の変化である．近年の急速なコンピューターのハードとソフトの発展により，大量の画像情報が使用可能となった．もともと写真資料は，どのような利用方法であれ，管理ができる枚数には限度があった．図書文献資料の管理を伝統的に図書カードなどを使っておこなっていたのと同じように，写真もカードを使って管理するのがこれまでのふつうの方法であった．ところが写真の場合には，カードにつけるキャプションあるいは検索のための凡例であるシソーラスをどのように作っても，写真に含まれる情報をじゅうぶんには表現することができない．特定の資料を撮影したような写真であれば，資料の名称などから写真を特定することができるかもしれない．しかし，一般的な風景写真や生活写真の場合には，ある程度以上の数になると，同じキャプションでも相当数の写真になってしまい，使おうとするとすべての写真を見ることが必要となり，検索カードとしてはひじょうに不十分な活用しかできなくなった．このような状態は数が増えるほど，また，写真の内容が風景などの特定しにくいものであるほど，利用がしにくくなる．

　このような問題はコンピュータの画像処理によってかなり解決ができるようになった．ディスプレイ上に縮小した画像で検索をすることにより，文字情報による検索と同じように画像情報の検索ができるようになり，写真利用の範囲は飛躍的に大きくなった．動画についても同じであり，動画の各コマを情報として取り扱い，静止画と同じように活用することができる．

　そしてそのような写真資料を活用した博物館活動が新たにはじまっている．これまで写真は単なる資料につける記録として扱われ，独自の活用はあまりおこなわれてこなかった．しかし，写真はあるものを記録しているだけでなく，あ

る時代の事象を記録しているものであり，その写真に記録された事象は，他の博物館資料ではわからないような多くの情報を含んでいる．そのような例として民俗芸能などの写真から民具などからではわかららない具体的な使用方法に関する情報が読みとれるという例があげられている．現在ではカメラが普及してふつうに撮影がされるようになってから年月がたっているために，特別な祭や行事だけではなく，人々の日常生活の記録が写真の中に見られるようになっている．また，写真の性質として，偶然に意図していなかったたくさんの物が視野の中に入ってしまう（加藤，1958）ということは広く認識されている．港 (2000) は，「写真は人間が欲しいと思わない細部まで取り込んでしまう．記録装置としては優れていても，写真には特長抽出の能力はないのである．」と述べ，そういう性質による写真の可能性について論じている．そしてこのような性質によって，風景写真などに写し込まれたものを記録として利用することが可能となっている．

このように写真はもともとはフィルム上に記録された特定の情報として利用されてきたが，現在はそれ以上に，1つの時代や1つの景色，あるいは1つのものを客観的に記録した媒体であり，多重構造をもった多目的な情報を含んだものと考えることができる．写真を撮影した人の意図とは離れて，その意図したもの以上の多くの情報が写真の中に写しとられているのである．したがって，祭の情景を撮影した写真として扱っていても，同時に必要があれば，背景の社殿のようす，人の衣服，交通標識などの多くの情報を含んであり，そのような情報が必要な場合には，目的にあった情報を引きだすことができる．静止画や動画の資料はこれまでに考えられてきた以上に，博物館資料として多様な利用がされるようになっており，それが写真の中に写し込まれている情報の活用である．

近・現代の情報としての画像の意義

ふつうの人々の暮らしぶりの変化は近年ひじょうに早くなり，少し前のことがわからない，あるいは記憶に残らなくなってきている．そのような過去の記録の中から情報を引きだすことは博物館として必要な事業であるが，それ以上に過去の記憶から情報を引きだすことは現代の博物館の，大切な事業になりつつある．

たとえば近年，ほんの10年あるいは20年前のことであっても，生活習慣の変化などによってその当時の生活のようすはまったく記憶からなくなっている．そして，その当時のことをふつうにはもう思いだすこともできない．しかし，その当時の写真を目にすると，写っている景色や写っているものによって記憶が呼び起こされ，それがきっかけとなって当時の状況が再現される．このような

写真の利用によって，過去と現在とをつなぐことが可能であり，展示をおこなう場合やフィールドでのヒアリング調査などの際に，写真を使って目的を果たすことができる (嘉田, 1997). 現在の社会や暮らしを見つめ直し，今後の暮らしについて考える場としての博物館の役割は今後ますます大きくなり，そのための写真資料の重要性はましていくと考えられる.

さらに，港 (2000) は,「写真は観察，確認，支持といった世界の＜経験＞と, 意図，見解，判断といった世界に対する＜期待＞の両方を一人の人間のなかで同時に扱うことができる装置だ」と述べて，写真には未来が潜在していることを示している. そしてその意味において，博物館では古い写真を収集すると同時に，現在の写真を撮影し，収集しておくことが，もう1つの課題となる.

そしてふつうの写真の場合には，大部分の人びとはその写真に価値を見いだせていない. 琵琶湖博物館では具体的な生活の変化を写真の中に記録されていることを通して振り返る材料として昭和30年代の写真のコレクションをおこなっている. さいわいにも第二次大戦当時からずっと「毎日のメモのかわりに」(前野, 1996) 写真を撮影し続けてこられた方の写真の提供を受けることができ，その写真の展示会をおこなったところ,「なつかしい」という声とともに,「こんな写真だったら私の家にもある」という反応もあり，それをきっかけにして多数の古い写真の寄贈があった. 博物館が資料を活用することで，古い写真を見直すことができた例である.

琵琶湖博物館はその後も写真資料に注目して収集・展示しており，2009年には彦根市の大橋宇三郎氏の写真コレクションを企画展示した. この時には写真の周囲にメモ書きを貼り付けることができるようにしたところ，その写真の景色，場合によっては写真に写りこんでいる人について，さまざまな情報や感想が書かれ，写真を展示することについての新しい方法や可能性などが浮かびあがった.

もちろんこのような写真の利用例以外にも，従来から利用されている通りに写真を見ることで姿や形がわかるため，博物館資料の写真や生物の生態写真などを収集し，活用するという利用がある. 博物館でおこなう利用者向けの行事や出版物などで使用できる写真が有るかないかで，その理解の程度や効果がまったく異なることは明らかである.

また動画についても，静止画と同じ利用の他，動画でしかできないような利用がされる. 民俗調査や民具の使用等についての動画資料の利用はよく話題になるが，このようなことも，地域での実際の民俗事例や民具使用などがおこなわれておらず，動画の中だけにしか残されていないというような場合がある. 琵琶湖博物館では地元のテレビ局から昔のニュース番組のフィルムを大量に寄贈

されたことがあるが，その中には祭りや地域の行事など，すでに実施されていない映像が見られた．

博物館資料としての図書・文献類

　加藤 (1977) が今後は図書文献資料はひじょうにたいせつになると述べているように，博物館資料としての図書・文献類の重要性はますます大きくなっている．しかし，図書・文献類の役割については，博物館の資料としては，きわめて曖昧な点が残っている．なお博物館で扱う活字 (あるいは手書き) 資料類は，いくつかの研究の中でも，各種研究報告書，学術図書，調査記録，図書・刊行物などとさまざまなものが含まれているが，ここではすべてを含めて図書・文献類とする．

図書館における図書の位置づけ

　図書・文献類についての議論をおこなうためにはまず図書館での資料に対する考え方を見ておく必要がある．図書館法 (1950) における図書館の定義は第2条 (定義) によって「この法律において図書館とは図書・記録，その他必要な資料を収集し，整理し，保存して一般公衆の利用に供し，その教養，調査研究，レクリエーション等に資することを目的とする施設」とされている．これは博物館法による博物館の定義とひじょうによく似ており，博物館の定義から展示と調査研究の部分を抜いたように読みとれるが，資料の役割や性格についてはこの定義からははっきりとはしない．

　しかし，図書館法自体が 1950 年に制定された法律であり，その後の図書館で資料とされるものの変化や図書館への期待によってその定義にも変化がある．たとえば，『図書館情報学ハンドブック』(1988) では図書館の定義として「情報その物ではなく，情報が持ち運び可能な何らかの物体に記録された資料を収集し，それを整理して利用に供する社会的な施設」としている．ここでは印刷物だけではなく情報を活用できるようにするという，近年のメディアの発達に対応した定義となっている．また，日本図書館学会 (1997) では「人間の知的生産物である記録された知識や情報を収集，組織，保存し，人々の要求に応じて提供する事を目的とする社会機関」としている．この定義ではさらに踏込んで，印刷物である必要がないことをすでに前提としている．

　このように図書館はすでに図書・文献だけではなく，かなり幅広い情報を扱う施設であり，その収集整理した情報を利用者に提供することが目的の施設であるといえる．そして博物館が扱う資料と比較すると，図書館の資料は加藤

(1977) の二次標本資料の中の一部 (無形, 知覚) に相当し, 千地 (1978) の情報資料と二次資料の一部 (有形平面資料, 無形資料) に相当する. したがって図書館が扱う資料の種類はすべて博物館でも扱うことになるが, その資料の利用者への提供のしかたが, いいかえれば資料に対する考え方が博物館と図書館とではかなり異なっている.

このような図書館における図書資料に関して, 図書館では新しい議論が行われている. それは広く活用されるようになってきた商業オンライン・データベースにアクセスして情報を図書館で利用者に提供する場合に, それは図書館にとって資料利用と位置づけることができるのかどうか (鈴木 , 2001) ということである. これまでに図書館で扱ってきた資料は, その必要な情報が載っている媒体がはっきりしていて, ものとして存在していた. しかし, オンライン・データベースの場合には, ネットで繋がっているだけで, もとになる情報は図書館の外からその都度購入することになる. この場合には最初から情報選択の目的がはっきりしていることが多く, 司書の仕事はコンピュータで検索して情報を取り寄せるだけになってしまい, 司書でなくても, あるいは図書館でなくても同じ情報の入手ができることになるので, それでは図書館の仕事と言えないのではないかというのである. この問題は図書館の資料の定義などにより微妙な問題があるために, 議論があまり進んでいないようであるが, 司書が選択した情報を提供することが目的の図書館資料に対しては, 図書館の根本にまで戻るような議論が必要となるはずである.

それに対して博物館の場合には, 図書・文献という同じ資料を扱っていて, その利用の形態が異なる. 博物館の場合には, 図書・文献を提供するのではなく, 図書・文献を利用して博物館から情報発信をおこなう. そして提供する資料には学芸員の判断が含まれている.

つまり学芸員は日常の研究の成果として, 多くの分野の内容についてみずからの判断をもっており, その判断に基づいて, 質問をしてきた利用者が自分で考え, 判断をするための材料を提供するのである. その際には博物館資料としての図書・文献は, 必要な情報を提供するための補助手段として使われている. さらに継続して実物資料を見てもらうこともある. これは図書・文献が利用者と実物資料とを結びつける役割をしていることになる.

先にあげた商業データベースの利用は, 博物館でもよくおこなわれるようになっている. 内部の博物館資料のデータベースの構築とは別であり, 外部の商業データベースは博物館資料とはまた異なる情報伝達の補助手段として, 博物館の事業において積極的に活用することで効果的な利用ができると思われる.

また, 博物館における図書・文献の位置づけとして重要なのは, 内部利用

あるいは特定の利用者による利用が多いことである．一般利用者の利用について述べた上述のような利用とともに，学芸員自身が自分の研究をおこなうため，あるいは博物館の共同研究者や特定の専門的な利用者が研究をおこなうために図書・文献を活用する．博物館に開架の図書室をもたない博物館はまだたくさんある，内部向けの図書室をもたない博物館はおそらくない．博物館の資料としての図書・文献はまず内部の研究用に使われている．

ただし博物館の学芸員の研究の成果は，直接に博物館の展示や利用者向けの活動の中で活かされていく．博物館の魅力は，学芸員の研究の結果として新しい情報が発信されることにあるといえるが，そのような研究をおこなうためにはフィールドでの調査とともに，室内での図書・文献を活用することがあげられる．そのような意味では，図書・文献は博物館の活動を背後から支えるような位置づけにある．図書・文献を研究する研究分野では図書・文献そのものが研究対象となるが，その他の分野では研究をおこなう補助的な情報源であり，他の博物館資料などとは少し異なる．

情報が載った媒体としての図書

一般的な一次資料と図書・文献資料とは，資料として利用できる情報という点からみてもかなり異なる．一次資料の資料としての特長の１つは，その資料がもっている情報のすべてがわかっていないことである．多くの資料はある視点で観察することで，その視点にかかわるある情報だけを読みとることができる．特別な方法を使わなければ，見ることができない情報もあり，また現在の知識や科学ではまったくわからない情報もある．考古学での最近の発見は著しいものがあるが，例えば弥生時代の時代区分の議論のように，過去の資料類は現在の新しい発見によって，見直さざるを得ないようなことが起こっている．生物の分野ではDNA分析が進んだことではじめてわかった情報がとても多い．だからこそ実物の資料が博物館ではたいせつなものとして保存されているのである．何か新しい問題が生じた場合には，必ず元の資料にあたることが必要になる．

しかし，図書・文献の場合には，基本的にはその資料がもつ情報はすべて読みとることができる．したがって図書・文献はものとしては単なる情報が紙に載った媒体にすぎないという考え方は，ここでもあてはまる．個々の図書・文献がもっている情報は，特別な手段を使わなくても，紙などに記録された情報として，すべて活用が可能である．もちろんそうではないような希少本や古文書などぁも存在するが，そのような資料は，ここで扱っている図書・文献というよりも一次資料として扱うような性質のものである．一次資料と二次資料との区別があいまいな場合もあるが，読みとれない情報をもった図書・文献類は，一

次資料に入れるべきである．

このように1冊の同じ図書であっても，図書館と博物館とではその資料としての利用の方法や位置づけは異なる．博物館の場合，二次資料は一次資料の記録であるという位置づけがされてきた．そして記録であるために二次資料よりも一次資料のほうが値打ちがあるように思われてきた．しかし博物館の資料を分類する際に，少なくとも図書・文献については整備と利用の違いなどを基準に考えるのが本筋であり，資料価値を判断の基準にすることは，本質とはいえない．そして，図書館以上に博物館での図書・文献資料は情報として扱うことがふさわしい．

参考文献

青木 豊 1997. 博物館映像展示論．雄山閣 東京．252pp．

千地万造 1978. 博物館における調査・研究 調査・研究と資料の収集（千地万造・編）．博物館学講座・5. 雄山閣 東京．pp 3-52.

伊藤寿郎 1986. 現代博物館の課題と展望 現代社会教育の課題と展望．赤石書店 東京．pp 233-296.

井尻正二 1953. ともに学ぶよろこび．東京大学出版会，東京．137pp（再録 1982 井尻正二全集第三巻 科学運動 I 大月書店．）

嘉田由紀子 1997. 写真がかたる環境の変遷．わたしとあなたの琵琶湖アルバム（琵琶湖博物館企画展示解説書）．琵琶湖博物館 pp 6-12.

加藤秀俊 1958. よけいなものの美学．中央公論．東京．(再掲 大島洋一（選）1999 採録 写真論．東京都写真美術館叢書．pp153-172.）

加藤有次 1977. 博物館学序論．雄山閣 東京．263pp．

倉田公裕・矢島國雄 1997. 収集論 新編博物館学 東京堂出版 東京．pp 149-176.

京都新聞 2001. 熊谷直孝の肖像写真文化財指定へ．(3月12日)

港 千尋 2000. 予兆としての写真．岩波書店 東京．168pp．

前野隆資 1996. 琵琶湖水物語 湖国の絆は時代＜とき＞をこえて．平凡社 東京．3pp．

日本図書館協会図書館員の問題調査研究委員会 1974. 図書館員の専門性とは何か（最終報告）．図書館雑誌．63(3) pp 104-111.

日本図書館学会 1997. 図書館情報学用語事典．丸善 東京．244pp．

図書館情報学ハンドブック編集委員会 1988. 図書館情報学ハンドブック 第2版．丸善 東京．1332pp．

西日本新聞 2001 銀版写真 国の重要文化財指定へ．(4月12日)

布谷知夫 2002. 博物館資料としての情報．博物館学雑誌．35(1) pp 1-11.

荻野晶弘（編）2002. 文化遺産の社会学．新曜社 東京．332pp．

鈴木良雄 2001. 新しい公立図書館のあり方について 21世紀の図書館と図書館員 論集図書館情報学研究の歩み・20 日外アソシエーツ．東京．pp 9‒23.

竹内順一 1985. 第三世代の博物館．冬晴春華論叢 3 pp 73-88.

第9章　博物館資料論の課題と展望

布谷知夫

琵琶湖博物館の資料研究の方向

　博物館の学芸員．研究分野がまったく異なっていたために，互いの分野での資料の扱い方や問題点などは互いに異なっている．そのために一般的な資料論としては，分野ごとの課題やテーマを抽出して資料論としての共通課題を求めることが必要となる．

　琵琶湖博物館の場合には，琵琶湖博物館らしい資料研究にすることを課題とし，琵琶湖博物館の「テーマをもった博物館」「フィールドへの誘いとなる博物館」「交流の場となる博物館」という3つの基本理念を生かした博物館の資料論とはどのようなものになるのか，あるいはその理念を実際の活動の中に反映させるために，「湖と人間」という博物館のテーマに沿った資料論とはどのような内容になるのかということを共通課題としていた．すなわち資料研究の方向としては，その活動を地域に広げるような理念をもった博物館にとって，その理念を真に発揮できる資料論はどのようなものになるのかという問題意識であった．

　そのような議論の結果，当初の議論の課題を次の3つのテーマにまとめた．
1）　資料の現地保存をめぐる課題．
　　資料の現地保存の意味．どのような資料については，どのような理由で，現地保存が必要となるのか，あるいはその方法や問題点．
2）　資料をめぐる人と施設のネットワークの課題．
　　資料を現地に残す場合に，その保存と利用を両立させるためには，施設や人のネットワークを構築し，資料のデータベース化が必要となる．その際の課題や問題点，あるいは具体的に実践するための方法．
3）　住民参加型調査や研究会の調査など，利用者による資料収集によって起こる課題．
　　資料受け入れから登録，公表までの資料整備全体のシステムと考え方の見直しや，資料利用について，利用者が収集し，寄贈した資料であるために起こる新しい視点．

この3つのテーマに沿って，それらの全体を貫く新しい資料論のための議論が行なわれた．そして3つのテーマの背景にある共通した視点として，「地域の利用者が利用するための博物館資料」という考え方を見出した．
　「地域の利用者が利用するための博物館資料」という考え方は，議論に参加した学芸員の共通の関心事であると同時に現代の博物館の社会的な役割や期待について資料論の立場から応えるための課題でもある．これまでのように保存することを第一義とした資料論であればはじめから収蔵庫に収蔵してそこから出さないという結論となる．そうではなく，多くの人に博物館資料を利用してもらうことを前提にして資料の整理や，あり方を考えた場合に，これまでの資料論とはまったく異なる発想で資料の取り扱いや保存方法，情報公開を考えることが要求される．いかにして使いやすく整理するのか，いかに使用しても劣化しないように保存するのか，劣化を軽減できるような活用法はあるのか，資料管理の方法や収蔵庫のあり方についても議論が広がることになる．そして具体的には上記の3つのテーマについて．どのような資料論が必要になるのかに分担して議論を進めた．
　この「利用者による利用」という視点は，現代の博物館資料論の中でもっとも先端的な課題といえる．博物館学において現在議論されているさまざまな課題のうちで，展示，学習などのネットワークやコミュニケーションに関する話題の根本には，これまでの博物館の運営や博物館学の研究視点が，利用者のためではなく設置者の側を向いた運営やその理論化をしていたのではないかという反省から，利用者がいることを前提とした博物館学の議論をし，その実践として利用者が使いやすい博物館をどのようにして作るのかということがある．来館者研究や展示評価，博物館評価などの研究も，社会的な背景はあるものの，どうすれば利用者にとって使いやすい博物館になるのかという問題意識の中から生まれてきたことである．
　このようにして資料研究の問題意識は「地域の人が使う博物館資料のあり方とはどのようなものか」ということにおかれるようになった．そしてこのテーマは利用者が使いやすい博物館づくりを運営の理念としてきた琵琶湖博物館にとって，もっともふさわしいテーマであった．

博物館資料に関する古くて新しい課題

　もともと博物館の資料は，自然史，歴史，美術などの分野にかかわらず，現在という時代，あるいは過去の記録を将来に残すものであり，経済価値があるものをのぞいて，その価値は，文化的，教育的，そして学術的なものである．

しかし，一般の人々の目からは，すべてのものを金銭価値によって判断をしたうえで，たいせつであるか，不要であるか，ということを決められる場合が多い．博物館が少しでも多種を，そして少しでも多くをという博物館的欲望に基づいて収集する作業は，ややもすれば一般からの揶揄の対象とされることもある．

民俗学や古文書類などは一般の人の目には無価値のように見えることが多くある．蔵で大掃除がされていると聞いて駆けつけてみると，古文書を燃やした灰の山ができていたとか，植物標本のコレクションを作られた方が亡くなった時に，ご遺族がもう不用なものとして廃棄してしまうという話は各地で聞く．一方で信仰を集めているお堂に安置されていた仏像などは盗難にあい闇市場に流されているというような話も，最近ではニュースに流れている．

どちらの例も博物館資料ということに対しては，真っ向から反する行為である．そもそも博物館資料がなぜたいせつなのか，ということが一般の人々にはわかりにくいと言われる．その理由は現代と過去を，客観的に判断し未来について考えるためには，蓄積された知恵が必要であり，その根拠となるのが資料であるということである．新たに現代の社会について考えるためにも，あるいは自然環境について考えるためにも，必要とされる場所に必要な資料が整備され，必要な人が活用することができるという場が必要であり，それが各地の博物館であり，博物館と地域社会のネットワークである．

しかし，昨今では博物館においてすら耳を疑うようなことが起こっている．たとえば 2002 年 3 月に東京都近代文学博物館が閉館した．この博物館は 1972 年に開館しているが，東京都立の博物館の統廃合の政策により高尾自然科学博物館とともに事業評価の結果として採算性が低いことを理由に閉館となったが，文学館はもともと多くの人に対する求心力は弱く，記録と学術に比重がおかれていた．この博物館には東京都で活躍した多くの作家の生原稿や資料などを保存・管理していたが，閉館により収蔵されていた資料類は散逸した．多くの資料は日本各地の個別の作家の記念館などにもらわれて行き，行き先のなかった資料は，江戸東京博物館で保管されることになった．東京で活躍した作家の原稿や資料類であるために東京にあることに意味があったが，燃やされてしまわなかったことを良しとせざるをえない．

愛媛県の大洲市肱川町歴史民族資料館は 1981 年に開館し，地域の民具や歴史資料など，およそ 26,000 点収蔵していたが，2002 年に市の経費節約のために休館となった．1981 年当時は文化庁からの歴史民俗資料館の建設のために補助金が出されていた時期であり，全国各地に歴史資料館が建設されていた．寄託されていた資料のうちおよそ 1750 点を返却し，「休館して展示できなくなったため，収蔵する意味がなくなった」(市担当者) と判断して，その多数

を駐車場で焼くなど焼却処分された．その際に登録台帳を含めて焼却されており，今ではその数すら不明となっている．1つの博物館と地域の歴史・文化が消えてしまった例である．

最近では大阪市の「ふれあい港館」が閉館となり，収蔵されていたワインが入札によって一般に販売された．企業や行政の財政難を理由にして博物館施設が閉館となる例が各地で起こっている．閉館になった場合には，その博物館に保存されていた資料がどうなるのかについては，あまり公にはされていない．博物館が閉館になるということはその博物館が収集し，研究し，保管してきた資料の収蔵場所がなくなるということであり，場合によってはその資料が消滅し，あるいは本来あるべき場所から強制的に移動をされるということを重く受け止めるべきである．博物館資料はどのような物でも，1点1点が人類の宝というべき物であり，研究を続けることにより，また他の資料との比較をすることによって限りない価値が生まれる可能性をもっている．資料論を考える大前提として，博物館が存在する意味，そして博物館資料の基本を広く認識してもらう必要がある．

今後の課題

本書があつかっている博物館資料の議論は，博物館の現場で働く学芸員がおこなう，博物館学の研究の中でも特徴的な内容になっている．それは博物館において実際の事業の中で起こる課題を対象として，その解決につながることを考えながらも，同時に単なる技術的な作業や提案ではなく，博物館とは何か，博物館は社会に対してどのように貢献するか，ということについても，博物館における資料という視点から解答を示している点にある．

博物館資料についての議論をするにあたって，「利用する」ということを基本として議論をおこなってきた．その際に具体的に言及できなかった点に資料の劣化や防虫という問題がある．これに関しては保存科学という1つの学問領域の課題であり，同時に一般的な博物館事業の中の問題でもある．今後の重要な課題として別の研究として取り上げて議論をすることが必要であるが，まずは日常的な取り扱いの方法や，レプリカ等の利用，IPMを意識した害虫対策など，現場での対策として注意することで利用しながら劣化を防ぐということで一定程度は可能と考える．

資料の利用という課題は，博物館現場においては現実のそして緊急の課題であり，その研究の成果が，博物館の事業の中でどのように活かされていくのかとても重要である．研究と事業とはまったく関係なくおこなわれるのではなく，

研究と事業が相互にかかわり，その成果を取り入れながらおこなわれるのが博物館という場での理想的な手法である．

　また博物館現場でおこなわれる事業に関する研究では，博物館学の位置づけが改めて必要となる．この点は博物館の現場で博物館学の研究がおこなわれず学芸員の情熱だけで他の館や過去の蓄積に学ぶことなく博物館の運営をおこなっている博物館が多いという現実の中では，ひじょうにたいせつなことと考えられる．

　一方で博物館での博物館学の位置づけには難しい問題がある．それは博物館の事業をおこなうことは，研究のためのデータを集めるという実践につながるために，博物館で働く者にとっては博物館での事業と実践は紙一重であり，そのために意識的に取り組まなければ博物館の事業が研究に昇華していかない．事業をいくら積み重ね，データが集ってきても研究になるわけではなく，研究にするためには意識的な努力が必要なのである．

あとがき

　私たちがこの本で述べた研究をはじめたのは，21世紀が始まってすぐのことである．新しい世紀にむけたこれからの博物館活動を考える基盤として，新たな博物館資料論の構築が必要との問題意識が，この研究をはじめるきっかけであった．しかし，当時の私たちは博物館職員ではあったものの，全員が博物館学を専攻していたわけではない．むしろ，博物館を運営しているけれど，博物館学についてはほとんど素人同然であった者が多い．このことは，この研究を進める上では重大な障壁にはならなかったと今では思っている．私たちがめざした資料論には，自らが博物館で経験している問題点やこれから必要となるであろう事柄を，自らの専門となる研究分野と対比させながら，博物館で実際的に必要な理論構築をすることこそが，結果的にはもっとも重要であったためである．あえて言わせていただくならば，そのような議論が博物館学には必要であると考えているからである．ただし，私たちの議論がその専門分野や実質的な活動の枠内でとどまらないように，私たちの考えを個別事情から博物館資料論として一般化させる必要があった．そのために自らの議論を深めていくと同時に，博物館学，とくに資料論を議論するトレーニングをつむ必要があったのだが，そのことが無駄なあがきであったのか，そうではなかったのかは読者諸兄に判断をゆだねたい．しかしながら，本書を読まれた方々，とくにこれから学芸員をめざそうという方や博物館をより深く理解したいと思われる方には，博物館現場の内容と博物館学としての内容を読みとっていただければ幸いである．

　この研究を行う過程で，この本の執筆者間ではもとより，各人の専門分野における共同研究者や，その他のさまざまな方々との議論や作業をおこなってきた．したがって，この本における内容は，それぞれの執筆者の見解に基づいていることは当然ではあるが，多くの方々との議論から生まれてきた考えがもとになっている．とくに，第6章におけるネットワークの議論には，長浜城歴史博物館の太田浩司氏，滋賀県教育委員会の松下浩氏および井上優氏，安土城考古博物館の高木叙子氏，近江八幡市市史編纂室の亀岡哲也氏，彦根市教育委員会市史編さん室の小林隆氏，九州国立博物館の藤田励夫氏の協力が不可欠であったのでお名前を記させていただく．そして何よりも前・琵琶湖博物館長の川那部浩哉氏には，研究期間を終えた後も多くの叱咤と少しの激励をいただき，そのことがこの本を執筆する原動力にもなった．また，この本を作成するにあたっては，みなくち子どもの森の小西省吾氏からは野外資料の利用につ

いての写真を提供いただいた．谷川真紀氏には，本書の製作のお手伝いをしていただいた．東海大学出版会の田志口克己氏には，編集をはじめさまざまな場面でお世話になった．記して感謝の意を表したい．

里口保文

索引

ア行
悪意の利用者... 100,104,105,110,112,113
アマチュア研究家... 117,118,121
ICOM... 51,53,61
一次資料... 5,9,18-20,24-27,32,41-45, 47,48, 50,51,56,129,138,139,144,145
失われる地層... 61,62,67
映像... 4,19,25,31,32,45,53,69,72-75,77-80, 82,129,133,138,139,142,145
映像資料... 25,45,53,73,79,138,139
エコ・ミュージアム... 50,62,82

カ行
回想法... 5,130,135,136
学芸員資格... 19
学習用資料... 126
学習利用... 4
画像情報... 139
環境史... 87,88,98,134
間接資料... 17,18,44,47
聞き書き... 85,98
郷土史家... 102
記録資料... 17,138
研究利用... 4,28,101,127,129
現地保存... 5,66,123,131-133,135,147
公立博物館... 18,41,42,44,50,54
国際博物館会議... 51,53,61
固有資料... 50,51,54,55
コレクション... 11,12,15-17,109,126,141, 149

サ行
参加型資料収集... 5
参加型調査... 31,117,119,121,147
参加型博物館... 1,6,32,117,121,122
GIS... 91,94-97

実物資料... 17,24,25,27-29,42-44,47,50-55, 71-73,82,124,126,127,129,138,143
指定管理者制度... 1
社会教育施設... 1,20
収集方法... 9,42
収蔵資料... 3,16,124,128,129
修復利用... 128
住民参加型調査... 31,147
重要文化的景観... 50
生涯学習機関... 1
情報収集... 68,71,72
情報資料... 9,18,19,24,75,79,143
私立博物館... 42
資料収集... 5,13,15,16,29,30,36,38,81,85, 103-105,117,130,147
資料整備... 1,9,30,147
資料整理... 14,30
資料の劣化... 132,137,150
資料分類... 18,38,45,47-51
生活資料... 85
善意の利用者... 99,100,110,112
全国科学博物館協議会... 13
相対的分類... 49
その気様... 99

タ行
代替資料... 42-44,50,52-55
地域社会... 62,89,90,92,134,135,149,158
地域情報の切りとり... 62,82
地域の人たち... 2-4,6,47,99-104,110,112, 113
地域博物館... 32,38,92,96,99
地層情報... 64,69,70,72-76,78-80
直接資料... 17,18,27,44
ついで様... 99
データベース... 13,73,79,80,82,96,98,110,

155

　　　　　112,113,129,143,147
デジタル情報... 27,72
デジタルデータ... 73
展示利用... 4
天然記念物... 2,65,83
登録博物館... 42,43
図書館... 20-24,32,51,101,142,143,145
図書館学... 24,142,145
図書館法... 20,21,142
図書室... 19,20,22-24,144
図書資料... 5,9,19,23,45,143
図書文献資料... 24,139,142

ナ行
なじみ環境... 136,137
二次資料... 5,9,18-20,22,24-26,32,42-45,
　　　　　47-49,51,54,56,129,136,138,143-145
ネットワーク... 5,15,81,82,98-100,110-113,
　　　　　118,120,121,123,131,133,138,
　　　　　147-149,153

ハ行
破壊的な利用... 129
博情報館... 26,27,62
博物館概論... 37,38
博物館技術学... 9,38
博物館経営論... 37
博物館情報メディア論... 19
博物館資料の分類... 5,19,22,32,56,122
博物館資料保存論... 19
博物館世代論... 1,130
博物館相当施設... 42,43,56,65
博物館的欲望... 131,149
博物館展示論... 19
博物館法... 5,13,14,17,19-21,35,37,41,47,
　　　　　49,51,54,142
比較標本... 127
美術館... 10,47,52,113,138,145,157
フィールド... 2,3,6,31,73,74,76,79,80,89,
　　　　　141,144,147

複製資料... 52
文化財情報システム... 110
文化財保安官... 110
ベースマップ... 87,92,94-97
保存方法... 9,70,82,148

マ行
まちづくり... 82,91,94,96,103
無形資料... 18,47,50,53,54,143
無形文化財... 53
模型... 17,37,41-44,51-53,126
文部科学省生涯学習政策局... 42

ヤ行
野外情報... 61,64,74,77,80,81
野外資料... 61-63,81,153
野外保存... 65
有形資料... 50,51,53,54
有形文化財... 53,109,138
ユネスコ... 53

ラ行
略奪資料... 131
利用者による利用... 144,148
レファレンス... 21,23
レプリカ... 27-29,56,126,133,150

執筆者紹介（五十音順）

佐々木秀彦（ささき　ひでひこ）　　　　　　　　　　　　　　　＜第3章＞
1968年生まれ　東京学芸大学大学院教育学研究科修士課程修了　教育学修士
現職：東京都美術館交流係長（学芸員）
専門：博物館学
著書：『入門ミュージアムの評価と改善』（分担執筆　アム・プロモーション），
『博物館学概説』（分担執筆　学文社），『デジタル文化資源の活用』（分担執筆　勉誠出版），『コミュニティ・ミュージアムへ』（岩波書店）

里口保文（さとぐち　やすふみ）　　　　　　　　　　　　　　　＜第4章＞
別掲

中島経夫（なかじま　つねお）　　　　　　　　　　　　　　　　＜第7章＞
1949年生まれ　京都大学大学院理学研究科博士課程修了　理学博士
現職：岡山理科大学地球環境科学部教授
専門：魚類形態学（咽頭歯学）
著書：『魚の形を考える』（分担執筆　東海大学出版会），『縄文人の世界』（分担執筆　角川書店），『水と生命の生態学』（分担執筆　講談社），『日本の自然』（分担執筆　岩波書店）など

布谷知夫（ぬのたに　ともお）　　　　　　　　　　＜第1章・第8章・第9章＞
別掲

橋本道範（はしもと　みちのり）　　　　　　　　　　　　　　　＜第6章＞
1965年生まれ　京都大学大学院文学研究科博士後期課程中退　文学修士
現職：滋賀県立琵琶湖博物館主任学芸員
専門：歴史学（日本中世史）
著書：『中世のムラ』（分担執筆　東京大学出版会），『日本社会の史的構造　古代・中世』（分担執筆　思文閣出版），『講座環境社会学　第3巻　自然環境と環境文化』（分担執筆　有斐閣），『中世裁許状の研究』（分担執筆　塙書房），『東アジア内海文化圏の景観史と環境　第1巻　水辺の多様性』（分担執筆　昭和堂）

牧野厚史（まきの　あつし）　　　　　　　　　　　　　　　　　＜第5章＞
1961年生まれ　関西学院大学大学院社会学研究科博士課程後期課程修了
博士（社会学）
現職：熊本大学文学部総合人間学科教授
専門：環境社会学，地域社会学
著書：『半栽培の環境社会学』（分担執筆　昭和堂）

八尋克郎（やひろ　かつろう）　　　　　　　　　　　　　　　　＜序章・第2章＞
別掲

編著者紹介

八尋克郎（やひろ　かつろう）
1963年生まれ　九州大学大学院農学研究科博士後期課程修了　農学博士
現職：滋賀県立琵琶湖博物館総括学芸員
専門：昆虫分類学
著書：『オサムシ』（分担執筆　八坂書房），『琵琶湖ハンドブック』（分担執筆　琵琶湖ハンドブック編集委員会），『新訂　原色昆虫圖鑑第Ⅱ巻（甲虫篇）』（分担執筆　北隆館），『博物館を楽しむ』（分担執筆　岩波書店），『知っていますかこの湖を』（分担執筆　サンライズ出版），『新版　昆虫採集学』（分担執筆　九州大学出版会），『日本動物大百科昆虫Ⅲ』（分担執筆　平凡社）

布谷知夫（ぬのたに　ともお）
1948年生まれ　京都大学大学院農学研究科中途退学　文学博士
現職：三重県立博物館館長
専門：博物館学
著書：『博物館を楽しむ』（分担執筆　岩波ジュニア文庫），『施策としての実践的博物館評価』（分担執筆　雄山閣），『博物館の理念と運営　利用者主体の博物館学』（雄山閣）

里口保文（さとぐち　やすふみ）
1970年生まれ　大阪市立大学大学院後期博士課程理学研究科修了　博士（理学）
現職：滋賀県立琵琶湖博物館専門学芸員
専門：第四紀地質学
著書：『知ってますかこの湖を』（分担執筆　サンライズ印刷出版），『人類記自然学』（分担執筆　共立出版），『日本地方地質誌5 近畿地方』（分担執筆　朝倉書店）

装　丁　中野達彦
イラスト　北村公司

博物館でまなぶ　―利用と保存の資料論

2011年10月20日　第1版第1刷発行
2019年 6 月30日　第1版第4刷発行

編著者　八尋克郎・布谷知夫・里口保文
発行者　浅野清彦
発行所　東海大学出版部
　　　　〒259-1292　神奈川県平塚市北金目4-1-1
　　　　TEL 0463-58-7811　　FAX 0463-58-7833
　　　　URL http://www.press.tokai.ac.jp/
　　　　振替　00100-5-46614
組　版　谷川真紀
印刷所　株式会社 真興社
製本所　誠製本 株式会社

© Katsuro YAHIRO, Tomoo NUNOTANI and Yasufumi SATOGUCHI, 2011　　ISBN978-4-486-01837-7

JCOPY　＜(社)出版者著作権管理機構 委託出版物＞

本書の無断複製は著作権法上での例外を除き禁じられています．複製される場合は，そのつど事前に，出版者著作権管理機構（電話 03-5244-5088，FAX 03-5244-5089，e-mail: info@jcopy.or.jp）の許諾を得てください．